【決定版】

阿波の古代史

邪馬台国は阿波だった

古代史YouTuber ANYA◉著

文芸社

まえがき

本書は、日本の始まりや邪馬台国のあった場所を、これまでにはなかったいろいろな角度や視点から、究明していく本になります。

私は生まれも育ちも大阪で、両親はともに九州出身です。昨今邪馬台国畿内説が有力視されてきましたが、九州にルーツを持つ、歴史好きの私は、少し前まで邪馬台国は九州にあったと考え、自分なりにいろいろと考察を試みてきました。そして導き出した答えが、邪馬台国は九州でも畿内でもなく、なんと四国の阿波にあったというものです。

その自説が少しでも世に知られればよいと考え、「ＡＮＹＡチャンネル」というチャンネル名で、２０２３年2月から週一回のペースでYouTubeで配信を行うことにしました。すると予想をはるかに超える反響がありました。

その反響は思いのほか大きく、YouTube上で「邪馬台国は阿波だった」説のブームが起きました。そしてYouTube配信から2か月後の２０２３年4月4日には、ＦＭ眉山の「邪馬台国は阿波だった」というラジオ番組に出演させていただき、ありがたいことに、1年足らずで2万人を超える方が登録してくれています。

また2024年5月18日~19日には、私の説に基づく「ANYAと行く阿波から日本が始まった説検証ツアー2日間」を読売旅行さんに行っていただき、ついには文芸社から出版のオファーまでいただくなど、目まぐるしい2024年となりました。

また強調しておきたい点があります。それは近年の邪馬台国阿波説ブームで、現在YouTubeには「邪馬台国は阿波（徳島）にあった」説を唱えるチャンネルがいくつもあり、それをもとにした書籍も数点出ていますが、「邪馬台国は阿波にあった」説の近年のブームが始まったのは、「ANYAチャンネル」の配信が始まった2023年の春からだということです。

次に本書の内容に話を進めると、これまでの邪馬台国研究本とはまったく違った切り口で考察しています。たとえば日本の始まりである神話伝承や式内神社に光を当て、魏志倭人伝の行程をこれまでにはなかった考え方で読み解き、古墳や出土物などの考古学的な観点なども取り入れ、総合的に考察したうえで、日本の始まりや邪馬台国、ヤマト政権から天皇家の起源などに関して、私の考えを述べています。

もちろん私の説がすべて正しいかどうかはわかりませんが、私なりに、既存の説や様々な資料を参照したうえで、どう解釈すれば一番辻褄が合うかを考えながら論を進めています。

本書はこれまでの邪馬台国考察書籍とは一線を画し、魏志倭人伝、記紀（古事記と日本書紀）、日本神話、考古学、地政学、地質学などを取り上げながら、どういう仮説が最も辻褄が合うかを考えて書かれています。特に魏志倭人伝の邪馬台国までの行程に関しては、これまでとはまったく違う新たな解釈で真相に迫っていますので、その部分は必見ではないかと自信を持っています。
また、現在定説になっている皇室やヤマト王権に関して、タブーとされる事柄にも鋭く切り込んでもいます。ぜひ読まれて、ご自身の歴史観と照らし合わせていただければ、幸いです。

ここで本書での阿波の定義を説明しておきます。阿波が今の徳島県であることは当たり前のように思われていますが、江戸時代までは淡路島も阿波国に含まれていました。

当然ですが、律令制（古代日本の政治制度）が定まっていなかった邪馬台国の時代には、今のような都道府県の概念は存在していませんでした。

詳しくは本文で述べますが、私の考えでは、西は愛媛県の佐田岬半島から東は淡路島までの、吉野川の中央構造線の南北領域を占める四国島北部全域（愛媛県・香川県・徳島県）が本来の「阿波」であり、阿波の中心部が現在の阿波（徳島県東部）に相当することになります。

では本書の構成をご説明します。

第1章では、記紀神話を整合性を図りながら考察すれば、神話の舞台はどこだったと考えるのが妥当かを説明しています。第2章では、天皇家と結びつく神社から日本の始まりがどこかを考察しています。

第3章では、知られざる阿波と天皇家の祖の関係を紹介しています。第4章では、古代遺跡から読み解き、阿波の古代史を説明しています。

第5章では、卑弥呼と天照大御神と天皇家のタブーに触れています。第6章では、中国正史から、これまでとはまったく違う解釈で、邪馬台国のあった場所を読み解いています。

第7章では、邪馬台国は四国一円に広がる巨大な国であったことを論証しています。第8章では、歴史から消された阿波の古代史を説明しています。

第9章では、誰が日本のもとや邪馬台国を造ったかを説明しています。エピローグでは、私が考える古代日本と古代阿波の姿を紹介しています。

近年、インターネットやSNSの普及で、これまで当たり前だと考えられていたことが実は真っ赤な嘘だったり、隠ぺいされたり、捏造されていたなんてことが、数多く露呈してきています。世界で最も古い歴史を持つ国・日本の古代史も、その古さゆえ天皇家との結びつきが強く、真実よりも時の政権によっていろいろと事実の歪曲がなされてきたことは周知のことになってきていると思います。

日本の古代史に関しては、古代史を取り上げることで生活したり、収益が発生する、学者や歴史作家などの「歴史既得権者」を生んでいます。彼らの一部は事実の追究よりも自説の証拠固めに力を費やしているようにも見えます。

数千年来ずっと信じられ、その証拠固めのための研究ばかりがされてきた天動説が、真実の地動説に変わったのは今からたったの300年前です。この本に書かれてあることが、もちろんすべて真実だとは断言できませんが、一度これまでの歴史的な固定観念を取り払って、素直な心で読んでいただければ、これまでとは違う古代日本の姿が少しは見えてくるものと思います。

それではいよいよ私の「阿波日本起源説」を披露しましょう。

決定版　阿波の古代史　目次

第2章　阿波にはなぜ天皇と結びつく神社が多いか

第３章　阿波は天皇家の祖の土地だった

第４章　古代遺跡から見えてくる阿波の古代史

第7章　邪馬台国は四国一円に広がる巨大な国だった

第8章　歴史から消された阿波古代史

第９章　徐福や呉の人々や古代ユダヤ人が邪馬台国を造った

装丁　吉原遠藤（デザイン軒）

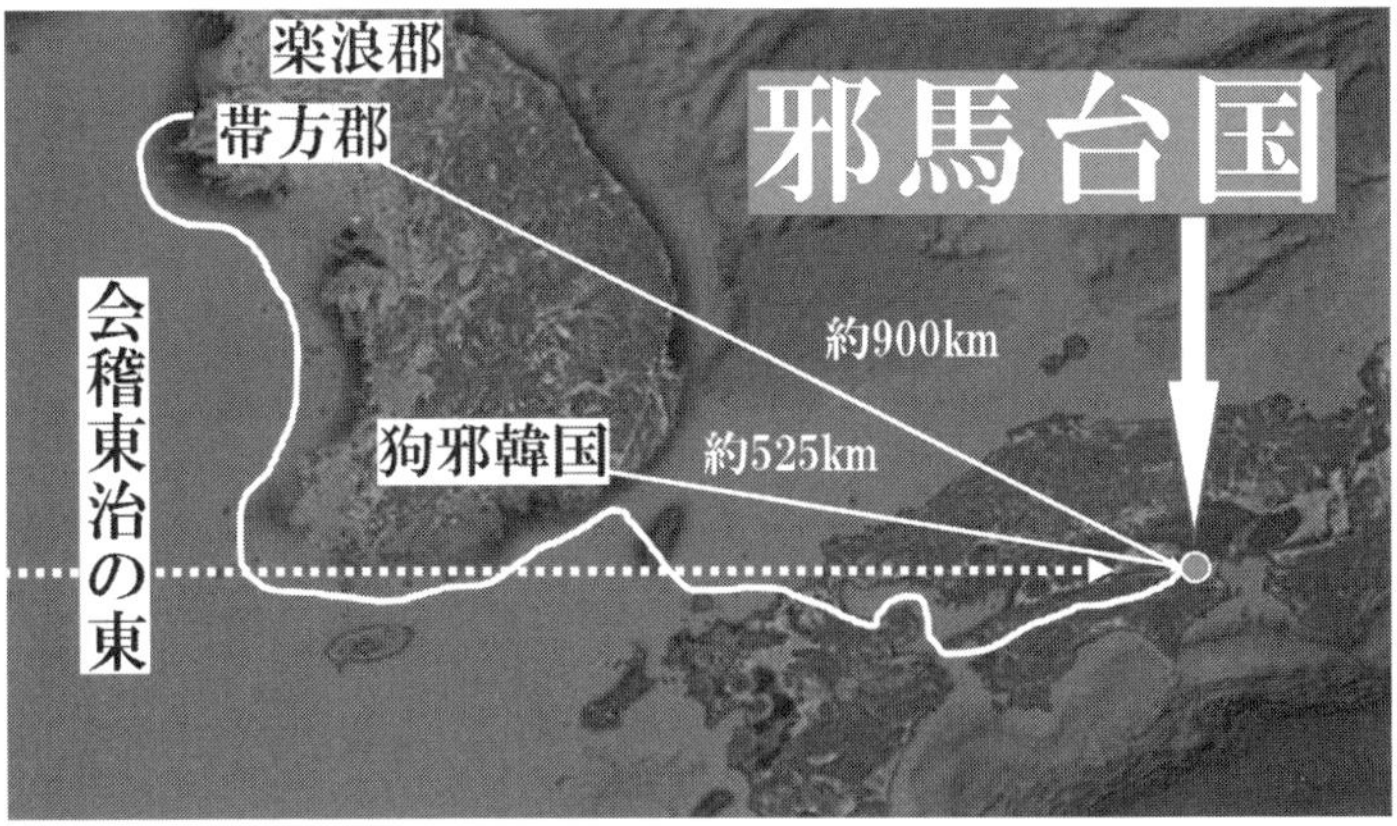

魏志倭人伝を読み解き、本書で特定される邪馬台国の位置

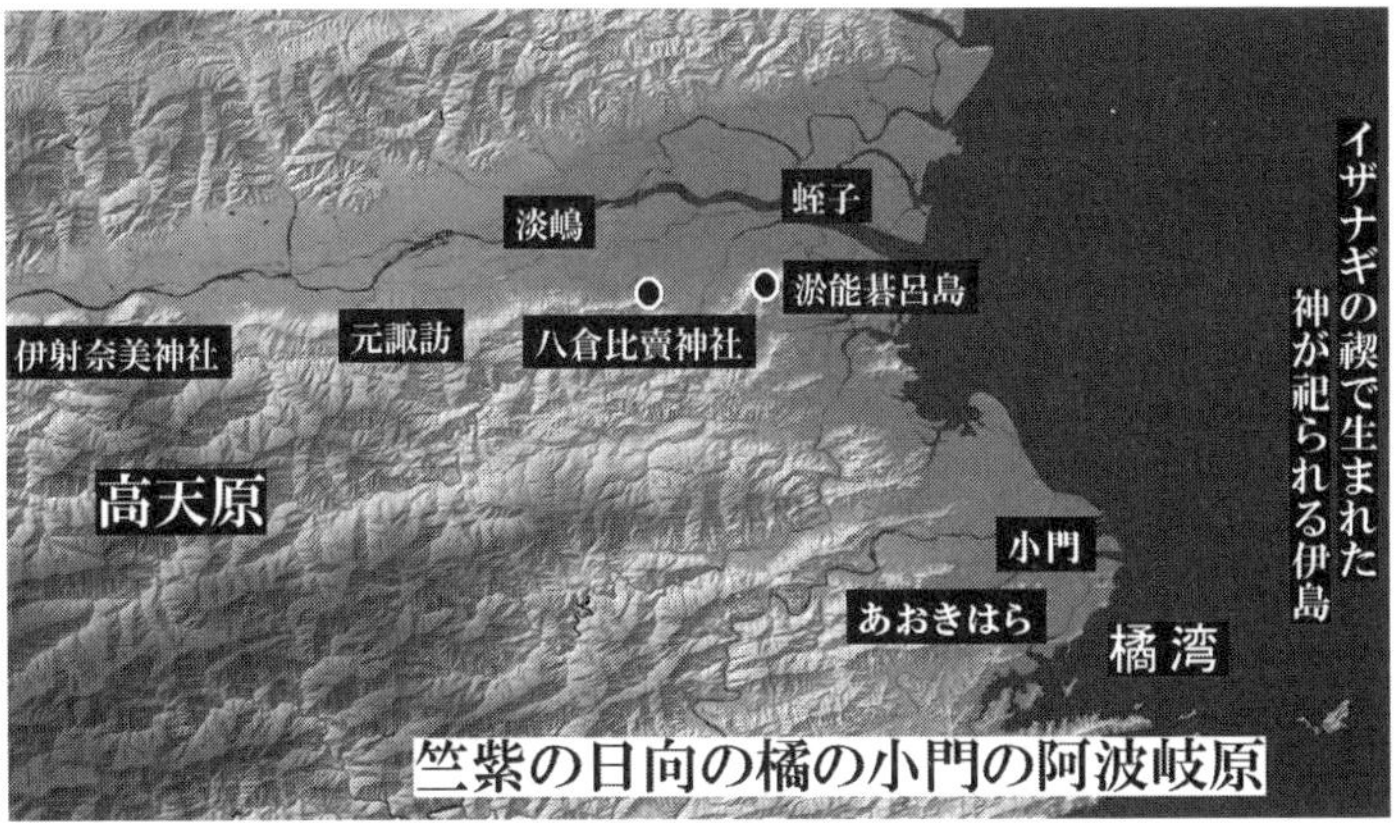

阿波に点在する日本神話の伝承地（一部）

第1章　記紀神話の舞台は阿波国内だった

愛媛県、香川県、徳島県の三国はなぜ特別か

私は何事も現実的に考えます。国生み神話とは、のちに神々と呼ばれるようになる、その時代に活躍した人たちが、最初に国を興《おこ》し、それを各地に広げ統治していった、開拓の順番を表していると考えています。

日本という国は、イザナギ、イザナミの夫婦神が島々（国）や神々を生んでいく、国生み神話から始まります。国生み神話で、一番最初に生まれる島はオノゴロ島（淤能碁呂嶋）とされています。次がヒルコ（水蛭子）、その次がアワ島（淡島）です。

よくオノゴロ島は淡路島であると勘違いされますが、淡路島とは、オノゴロ島から数えて3番目に生まれたアワヂノホノサワケノ島（淡道穂狭別島）のことです。また、オノゴロ島の次に生まれたヒルコだけは、未熟児の子供とされていますが、他の国がすべて島や国を指すので、ヒルコも実際には土地を指していたはずです。

国生み神話では、アワ島の次に生まれた淡路島が一番目の島（国）とされ、合わせて八つの島（国）

が生まれたことが記されています。これを大八島《おおやしま》と呼びます。

淡路島は大昔、粟路と記されたこともあり、この植物の粟の字は、この時代では徳島の阿波を指します。つまり淡路島の地名の由来は「阿波へ通じる島」という意味だというのが有力な説とされています。

大八島は、①淡路島、②四国、③隠岐、④九州、⑤壱岐、⑥対馬、⑦佐渡島、⑧奈良（本州）の順に生まれたとされますが、順番としては、大変不自然に思えます。最初に述べたように、国生みは開拓の順番を表していると考えれば、行ったり来たりしていてなおさらおかしいです（図１）。

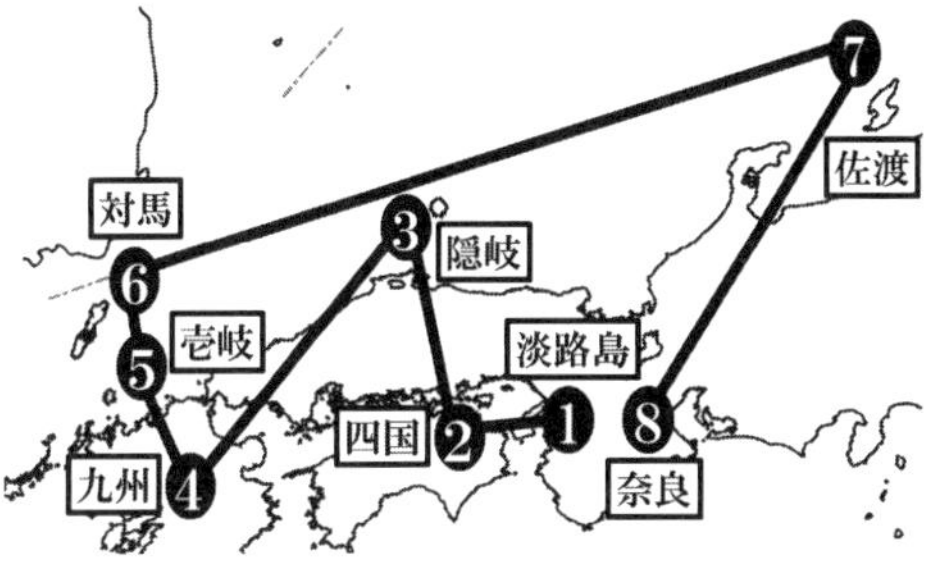

図１

また本当に開拓された順を示しているとしたら、最後に生まれた⑧奈良は本州にあるので、神武東征のルートを示しているのではないかという解釈も成り立ちます。しかし、古事記による神武東征のルートは、①宮崎県、②大分県、③福岡県、④広島県、⑤岡山県、⑥大阪府、⑦和歌山県、⑧奈良（本州）で、ゴールは同じでもルートはまったく違います。

このことは42ページ以降で詳しくお話しさせていただきます。

２番目に生まれた四国と、４番目の九州にはそれぞれ４つの国があり、国名が古事記に記載されています。しかし同じ国でも、ある大きな違いがあります。

国々の名前には、それぞれ別称（神様の名前）があります。四国の中に在る国の別称（神様の名前）は、エ姫（愛比売）、イイヨリ彦（飯依比古）、オオゲツ姫（大宜都比売）、タケヨリ別（建依別）です。一方、九州の中に在る国は、シラヒ別（白日別）、トヨヒ別（豊日別）、タケヒムカヒトヨクジヒネ別（建日向日豊久士比泥別）、タケヒ別（建日別）です。

愛媛県（エ姫）、香川県（イイヨリ彦）、徳島県（オオゲツ姫）には、姫と彦という、高貴とされる字がつけられています。特に徳島県、すなわち阿波の別称の大宜都比売は、伊勢神宮外宮《げくう》に祀られる豊受大神と同じ神様であると、『大日本神名辞書』（六国史、古事記、古語拾遺、古風土記、新撰姓氏録、旧事本紀、延喜式等の古典に現れる天神地祇、祭神、功臣・功労祭神、全二千八百柱を、五十音順に列載した明治末期の祭神表）や、本居宣長著『古事記伝』などに書かれています。

阿波のオオゲツヒメ以外は、皆さんもおそらく聞いたこともない神様ばかりだと思います。しかしオオゲツヒメだけは古事記神話に4度も登場し、伊勢神宮外宮に祀られる神と同一神とされるという、段違いで別格の高貴な神様なのです。

○国生みで生まれる大八島の国の神様の名前

淡路島　淡道之穂之狭別（アワヂノホノサワケ）
伊予国　愛比売（エヒメ）

讃岐国　　飯依比古（イイヨリヒコ）
粟国　　大宜都比売（オオゲツヒメ）〔豊受大神〕
土佐国　　建依別（タケヨリワケ）
隠岐三子嶋　　天之忍許呂別（アメノオシコロワケ）
筑紫国　　白日別（シラヒワケ）
豊国　　豊日別（トヨヒワケ）
肥国　　建日向日豊久士比泥別（タケヒムカヒトヨクジヒネワケ）
熊曾国　　建日別（タケヒワケ）
伊岐嶋　　天比登都柱（アメヒトツハシラ）
津嶋　　天之狭手依比売（アメノサデヨリヒメ）
佐渡嶋　――――――――
大倭豊秋津嶋　　天御虚空豊秋津根別（アメノミソラトヨアキヅネワケ）

また四国の高知県（建依別）と九州（白日別、豊日別、建日向日豊久士比泥別、建日別）には、ヒメ、ヒコという高貴な字は用いられておらず、別《わ》かれたという意味の「別」という字が入っています。同じく最初に生まれた大八島の一つ、奈良の大倭豊秋津島の別称も天御虚空豊秋津根別で、「別」がついています。最初に生まれたとされる淡路島にも淡道穂狭別島と「別」の字が入っています。

やはり、ヒメ、ヒコの字がついた愛媛県（エ姫）、香川県（イイヨリ彦）、徳島県（オオゲツ姫）の三国だけは特別なように思えます。

神武東征の目的地が阿波だとすると、皇統の歴史が覆る

民俗学者の高群逸枝《たかむれいつえ》が1938年に著書『母系制の研究』で提唱した、ヒメヒコ制という仮説があります。ヤマト王権が成立する前後の古代日本では、祭祀的・農耕従事的・女性集団の長の国にはヒメ、ミコ、トベがつけられ、軍事的・戦闘従事的・男性集団の長の国にはヒコ、タケル、ワケ、ネがつけられたという仮説です。現在でもこれは定説とされています。

しかし、この仮説の「別《ワケ》」の意味は合っているのでしょうか。

日本神話の中心的な舞台となっている、四国、九州、畿内では、四国の3国以外はヒコもタケルも入っていません、すべて「別」と「根」だけです。私には、このヒメヒコ制という定説は、無理やりこじつけたように思えます。

神様の名前から考えると、最も高貴な神の名前を持った阿波（四国北部）のオオゲツヒメを中心に最初の国が始まり、そこから淡路島や九州、近畿に勢力を別け拡大して、日本国になっていったとしか思えないのです。

大八島の最後に生まれた八番目の奈良の別称の「天御虚空豊秋津根別」に「秋津」という字が入っ

ています。秋津（蜻蛉）とはトンボの古い呼び名です。

日本書紀によると、ヤマトの地で即位された神武天皇が、小高い丘の上から国を見下ろし「この国はアキツのトナメ（交尾）のごとし」と話されたことから、「秋津」という名がついたとされています（図2）。

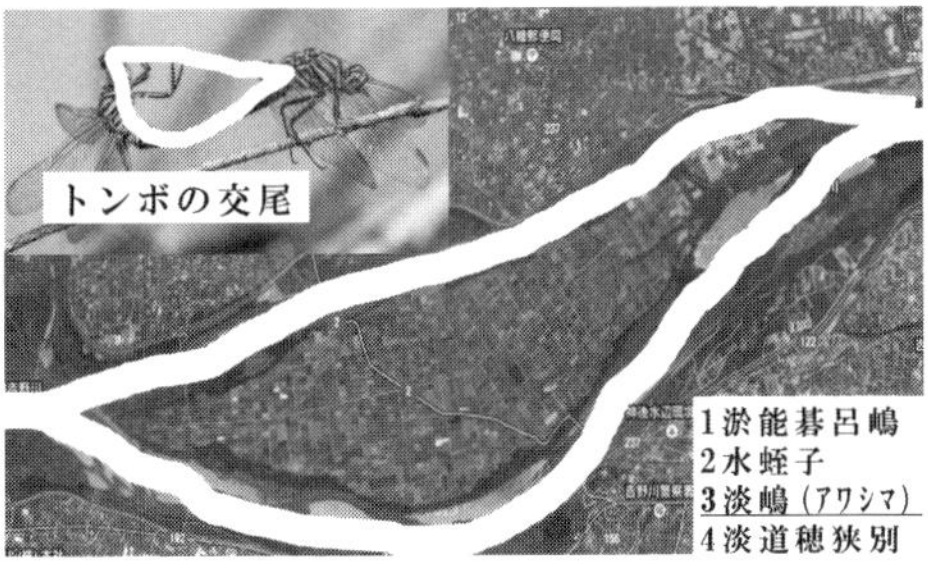

図2

ヤマトと呼ばれた奈良盆地は、東西約16㎞、南北約30㎞の平坦な地形です。大きな河川もないので区切りもなく、どこを見てもトンボの交尾の形に見える場所はありません。

一方、昔も今も阿波と呼ばれる四国徳島県の大河・吉野川には、今でも多くの支流があります。整備されていなかった古代には、無数の河川が入り乱れ、多くの川中島が存在していました。このように河川でグルっと囲まれた場所は、まさにトンボの交尾の形にも見えます。

ここにはなんと、昔は国生み神話で淡路島の前に生まれた、粟島《あわしま》と同じ名前で呼ばれていた善入寺島《ぜんにゅうじとう》という島があるのです。この島は大阪中之島の10倍もの面積を誇る日本最大の川の中にある島ですが、この島はもともと阿波を開拓した阿波忌部《いんべ》（神代から続く氏族）が本拠地とした島で、古くは粟島と呼ばれていました。

善入寺島の前の名前のアワシマは「阿波」の名前の発祥ともいわれ

ています。アワシマは阿波忌部が開拓したと伝わるところから考えると、まず阿波忌部が入島して本拠を構え、粟を植えて開拓し、その後アワシマと呼ばれたと推測されます。

ところが、大正4年にときの政府は住人3000人全員を島から退去・移住させて、島にあった忌部大社に比定される「浮島八幡宮」をダイナマイトで爆破しました。そして、この島にあったすべての痕跡を消し去っています。

これは治水や水害対策のために行われたといわれていますが、**神社を爆破してでも、世の中から消さねばならない相当の理由があったのではないか**という疑念を生みます。

先ほど、日本書紀に、神武天皇がヤマトの地で即位されたときに「この国はアキツのトナメ（交尾）のごとし」と話されたと書きました。もし、この阿波吉野川の粟島と呼ばれていた地域が、その「秋津」だとしたら、神武天皇の東征神話の目的地は奈良ではなく、阿波だったことになります。

この神武東征神話については、もう少し後で詳しくお話しします。

オノゴロ島もアワ島も阿波にあった

アワ島と呼ばれていたこの地域が、国生み神話で淡路島の前に生まれたとされるアワ島だとしたら、そのアワ島の前に生まれ水に流されたヒルコ（水蛭子）も、この辺りにあるのかもしれません。実は、ヒルコという場所もこの近くに存在しているのです。

図3

吉野川の河口地域を調べると、吉野川橋近くの吉野川の中にヒルコ（蛭子）という地名が現在でも残されているのがわかります（グーグルマップにも載っています）。この「蛭子」という地域は、豊臣政権下の時代に河川のつけ替え工事で水没する前まではここに存在していたのです。

阿波吉野川にあるアワ島やヒルコが、国生み神話に出てくるものと同じであることの証拠の一つに、次のような逸話があります。第16代仁徳天皇は淡路島から吉備の国（現在の岡山県）の方角を向いて次のような歌を詠んでいます。

「難波の崎に　出で立ちて　我が国見れば　淡島　淤能碁呂島　檳榔《あじまさ》の島も見ゆ、佐気都島見ゆ」（現代語訳　難波の崎から出で立って、我が領有する国を眺めると、アワ島やオノゴロ島、またアジマサ（檳榔）の島も見える、サキツ（佐気都）の島も見える）（図3）

つまり、淡路島より西の方角にオノゴロ島もアワ島もあり、それが見えると言っていることになります。オノゴロ島もアワ島もあったとしたら、ヒルコもその方角にあったとしても不思議ではありません。

この第16代仁徳天皇が詠まれた歌の中に、アジマサの島、サキツの島とあります。アジマサとはビロウという亜熱帯植物のことで、古代には、大変神聖視された植物でした。現在でも大嘗祭《だいじょうさい》（天皇即位後、最初に行われる最大の神事）で天皇が禊《みそぎ》を行う百子帳《ひゃくしちょう》の屋根材として用いられています。

おそらく仁徳天皇は、淡路島から見える橘湾の伊島《いしま》をアジマサの島として詠んだものと考えられます。なぜそう言えるかというと、アジマサ（ビロウ）は海岸沿いに自生する亜熱帯植物で、四国を東限として、九州及び沖縄に分布するヤシ科の亜熱帯性常緑高木だからです。

先に述べましたが、大嘗祭で用いられるほど大変神聖視された植物が、古来、都があったとされる畿内から遠く離れた九州や沖縄から取り寄せられたとは考えられないのではないでしょうか。つまり、現代でもアジマサが自生している四国の橘湾からビロウの葉は都に運ばれたと考えるのが自然です。

以上の理由で、仁徳天皇は橘湾の伊島をアジマサの島と詠んだものと推測されるのです。

また、淡路島の西の阿波側の対岸に、まさに裂けたような形の大毛島があります。この裂けた形の大毛島を見て、仁徳天皇はサキツの島と詠まれたのではないでしょうか。

では、オノゴロ島もアワ島も在り、それが見えると仁徳天皇が述べた、オノゴロ島はどこにあるのでしょうか。


話を戻しまして、吉野川の河口地域の辺りがアワ島だった場合、国生みでこの島の次に、一番目の島とされる淡路島ができたことになります。前述の通り、国生みとは、国を統治した順番だと考えられます。

その淡路島には弥生時代後期、邪馬台国の時代の少し前の遺跡で、国内最大規模の鉄器制作遺跡であるゴッサカイト（五斗長垣内）遺跡があります。この遺跡では23棟もの竪穴建物跡が見つかっており、そのうちの12棟で鉄器作りを専門に行っていました。しかしなぜか、邪馬台国の時代に忽然と消えてしまいます。

アワ島の次に淡路島が生まれたという伝承は、たとえばのちに八百万《やおよろず》の神々と呼ばれた人たちが、アワ島から国創りを始め、次に淡路島に渡って鉄器工房を開いたこと、それから鉄器による軍事力を得て再び四国に戻ったことを表していると考えられます。その後、四国の統治に成功して、伊予二名《いよのふたな》嶋《じま》と呼ばれた四国を平定したのでしょう。

また淡路島は国生み神話で淡道穂狭別嶋と呼ばれています。記紀に国生み神話が書かれた頃には徳島県はすでにアワと呼ばれていました。

アワヂノホノサワケ島とは、地図を見れば、名前の通り「阿波の北東先端の鳴門から裂け別れた、米粒（稲穂）のような島」という意味だとわかります。

根の国とは阿波の山上地帯のことか

奈良の別称の「天御虚空豊秋津根別」では、「秋津」の後に「根別」という字が入っています。この根別とは何でしょうか。根別の「根」という字を調べてみますと、古語辞典にも載っていますが、「高嶺の花」と「高根の花」は同じ意味です。

この根とは、高い山の尾根や峰や頂を指し、このように高い山のことを「根」と表記することがあります。そして阿波は、九州東部から関東へ横断する世界第一級の断層である中央構造線が横断し、その影響で本当に山深い国です。

つまり「根別」とは根の国と呼ばれた山深い山上地帯の国から「別れた国」という意味ではないでしょうか。

古事記に出てくる伊邪那美が向かった根の国は、この山深い阿波の山上地帯を指すのかもしれません。たとえば、各天皇につけられる諡号には、根子という名前が多く入っています。

孝霊：大日本根子彦太垣
孝元：大日本根子彦国牽
開化：種目本根子彦大日日
元明：日本根子天津御代豊国成婚
元正：日本根子南端浄足姫
孝謙（称徳）：倭根子・高野姫
桓武：日本根子皇統弥照
平城：日本根子天揮画高彦
淳和：日本根子天商議弥遠

根子という字が入っている天皇は、山深い阿波出身、あるいは阿波の山上出身の天皇ということかもしれません。

「別」という字が、定説である男性集団の長の国につけられた「別」ではなく、私の考える「別れた国」の意味と解釈すれば、奈良は、山深い阿波から別れてできた国なので、「根分」とつけられたのかもしれません。

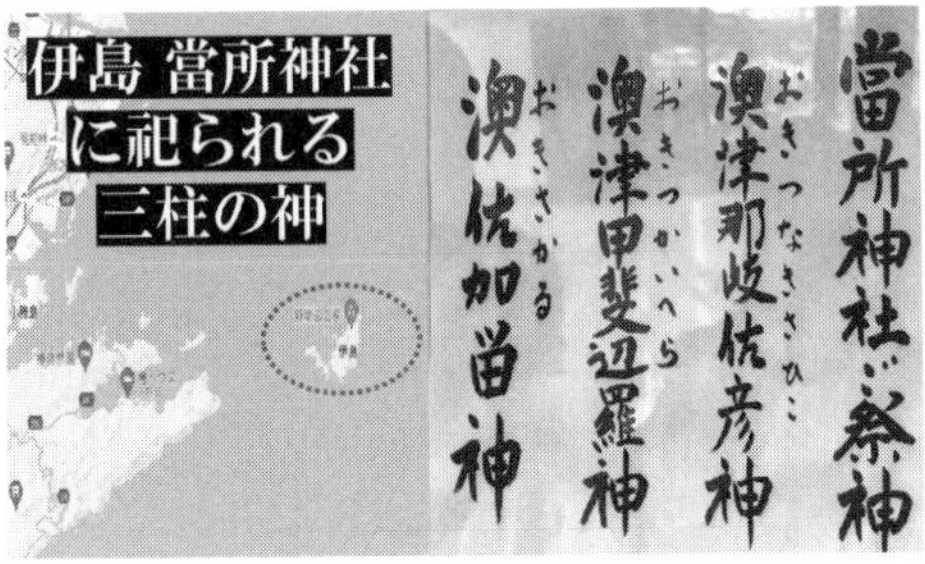

図４

3番目に生まれたオキ（隠岐）ですが、淡路島、四国と続き、突然本州を突き抜けて、日本海に位置しているオキが出てきます。開拓順に並べられているとすると、この隠岐が出てくるのが最も不自然です。

ところが、徳島県南部の阿南市に、三島からなる伊島（アジマサの島）という島があるのです。この伊島には、當所《とうしょ》神社という神社があり、ここには三柱の神様が祀られています。この三柱の神様は、後で話すイザナギの禊の際に生まれた神様で、この神様を祀る神社は、日本全国でもここにしかありません。

その三柱の神様の名前は、オキツナギサビコノカミ、オキツカイベラノカミ、オキザカルノカミであり、見ての通りすべてにオキの字が入っているのです。まさにオキの三つ子島です（図４）。

位置といい、三柱の神様の名前といい、この三島からなる伊島が本当の隠岐三子島だと考えられます。そうなると、国生み（開拓）の順番の不自然さも、だいぶ解消されることになります。
しかし7番目に生まれた佐渡島だけが、ポツンと遠く離れた東日本にあり、開拓の足跡をたどっているとすれば、まだ違和感が残ります。

韓国の巨済島こそが本当のサドだった

ところで韓国南岸部に巨済島という韓国で2番目に大きな島があります。日本書紀の継体天皇紀に百済の使者が沙都島（巨済島）経由で帰国した、という記述があります。古代において巨済島を沙都《さど》島と呼んでいたことがわかっているのです。

日本書紀巻17　継体天皇紀

〈九年春二月甲戌朔丁丑、百濟使者文貴將軍等、請罷。仍勅、副物部連闕名遣罷歸之。百濟本記云、物部至至連。是月、到于沙都嶋、傳聞、伴跛人懷恨銜毒・恃强縱虐。故、物部連、率舟師五百、直詣帶沙江。文貴將軍、自新羅去〉

（九年春二月四日、百済《くだら》の使者である文貴《もんくい》将軍らが帰国を希望した。よって詔《みことのり》を出され、物部《もののべの》至《ち》至連《ちのむらじ》を副えて遣わされることになった。この月に、サドシマ（巨済島）に至り、人の噂を聞くと、伴跛《はへ》の人は日本に恨みを抱き、よからぬことをた

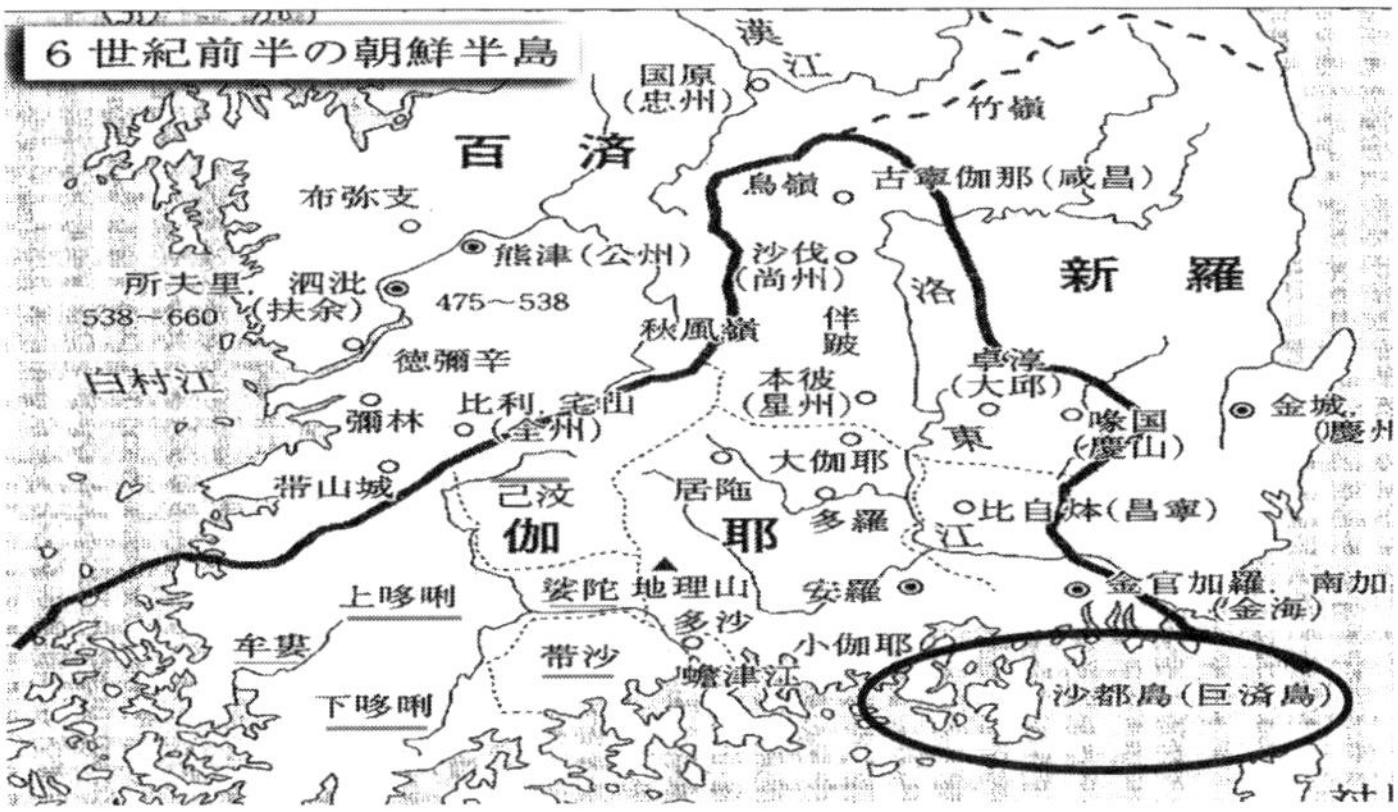

図5

くらみ、力をたのみとし無道を憚らないということであった）

この文から巨済島がサドシマと呼ばれていたことがわかります。また成城大学名誉教授・篠川賢著『磐井の乱と朝鮮半島情勢』には、6世紀前半の朝鮮半島を描いた地図が載せられていますが、そこには巨済島が沙都島として書かれています（図5）。

さらに不思議なことに、国生み神話には生まれた島（国）にはそれぞれ別称が書かれていますが、佐渡だけが別称が書かれていません。

○国生みで生まれる大八島の国の神様の名前

淡路島　淡道之穂之狭別（アワヂノホノサワケ）
伊予国　愛比売（エヒメ）
讃岐国　飯依比古（イイヨリヒコ）
粟国　大宜都比売（オオゲツヒメ）〔豊受大神〕
土佐国　建依別（タケヨリワケ）

隠岐三子嶋　天之忍許呂別（アメノオシコロワケ）
筑紫国　白日別（シラヒワケ）
豊国　豊日別（トヨヒワケ）
肥国　建日向日豊久士比泥別（タケヒムカヒトヨクジヒネワケ）
熊曾国　建日別（タケヒワケ）
伊岐嶋　天比登都柱（アメヒトツハシラ）
津嶋　天之狭手依比売（アメノサデヨリヒメ）
佐渡嶋　―
大倭豊秋津嶋　天御虚空豊秋津根別（アメノミソラトヨアキヅネワケ）

これは国生み神話が語られた頃は、サドは倭国の領域でしたが、記紀（古事記と日本書紀）で別称が書かれた時代には、すでに倭国から異国になっていたため、神様の別称が書かれなかったためだと考えられます。

朝鮮半島の南西部に、西暦500年前後に造られた日本固有の前方後円墳が15基ほど造営されています。また、後で取り上げる魏志倭人伝の行程には、「狗邪韓國《くやかん》（朝鮮半島最南部の国）は倭国の北岸」と書かれています。

これらのことから考えても、西暦700年前半の記紀編纂前までは、巨済島などを含む朝鮮半島南部は倭国だったということは間違いないでしょう。つまり、韓国の巨済島こそが本当のサド、と考えれば、一番辻褄が合ってきます。

「いきなり朝鮮半島の島に飛ぶのはおかしいのではないか」と思われる人もいるかもしれませんが、津嶋（対馬）の次に韓国の巨済島を統治したと考えれば、新潟県の佐渡ヶ島に飛ぶよりは自然なように思えます。

阿波の笠紫の日向（東端）は徳島県阿南市を指す

国生み神話で女神イザナミは、男神イザナギとともにたくさんの国々や、多くの神々を創りました。しかし火の神であるカグツチを生んだために、イザナミは火傷《やけど》を負い、早くに亡くなってしまいます。イザナギは、亡くなったイザナミを出雲の比婆山《ひばやま》の黄泉《よみ》の国に葬りました。

しかし、妻のイザナミに会いたくなったイザナギは、再び黄泉の国へ行き、黄泉の国の扉の前に着きました。そこで扉の向こうのイザナミに向かって「帰って来てほしい」と声をかけます。すると、扉の向こうから「黄泉の国の神に頼んでみますので、決して中を覗かずに待っていてください」という イザナミの返事がありました。

イザナギはしばらくの間待ちましたが、なかなかイザナミは出てきません。しびれを切らしたイザナギは、約束を破って扉を開き、髪に刺していた櫛《くし》の歯を一本折って火を灯してしまいます。

すると目の前には、醜い姿に変わり果てたイザナミがいたのです。その恐ろしい容貌を見て、イザナギは思わず逃げ出しました。醜い姿を見られたことに怒ったイザナミは、黄泉の国の醜女《しこめ》や雷神たちとともにイザナギを追いかけます。

なんとかイザナミを振り切り、黄泉の国から脱出したイザナギは山中を歩き続け、「竺紫《つくし》の日向《ひむか》の橘の小門《おど》の阿波岐原《あわきはら》」にたどり着きます。そこで穢《けが》れを洗い落とすために禊《みそぎ》をし、天照・ツキヨミ・スサノオ等の多くの神が生まれた、というのがイザナギの禊の神話です。

古事記には「竺紫の日向の橘の小門の阿波岐原」と書かれています。「筑紫」であれば九州のことです。しかし、この「竺紫」という字は、その方向の尽きた場所という意味です。また、日向《ひむか》とは、日に向かう方角のことで、「日に向かう」ことから、東の語源といわれています。

つまり竺紫の日向は、九州の日向《ひゅうが》ではなく、その土地の東端を意味しているのです。九州宮崎の日向は、九州の東端なので日向と呼ばれるようになったのでしょう。

古事記でも、次のように、九州を表すときは「竺紫」ではなく「筑紫」という字が使われています。つまり「竺紫」と「筑紫」は意味が違うということです。

到坐竺紫日向之橘小門之阿波岐此三字以音原而

(竺紫の日向の橘の小門のアハギ原においでになって)[古事記　上巻－2]

渡筑紫國、在筑紫國之伊斗村也

（ツクシ国にわたり、ツクシ国のイト村に在る）［古事記　中巻－5］

また、宮崎の日向が日向と呼ばれたのは、神武天皇から12代も経た景行天皇のときです。日向とは日に向かう方角であることは日本書紀にも書かれています。

直向於日出方、故號其国曰日向也（日のいずる方角にあり、ゆえにその国をなづけて日向という）

つまり、竺紫の日向の橘……と読まれたのは、宮崎の日向が日向と呼ばれるようになるよりも数百年も前のことだということです。この史実から言えることは、宮崎の日向《ひゅうが》は神話に出てくる日向《ひむか》とはまったく関係のない土地ということです。

日向とは土地の東端を意味しますので、阿波の竺紫の日向（東端）は、四国最東端の徳島県阿南市を指すことになります。

黄泉の国から脱出するときに登場する地名がたくさん存在する

江戸時代に編纂された阿波最古の歴史書、『阿府志《あふし》』には、高越山《こうつさん》（現在は阿波富士とも呼ばれる吉野川南岸にある霊峰）の山頂奥院の説明として、「伊邪那美の葬られた祠あり」と書かれています。

徳島県勝浦郡上勝町生実雄中面（オナカズラ）
徳島県勝浦郡上勝町生実（生実）
徳島県那賀郡那賀町竹ヶ谷（竹ヶ谷）
徳島県那賀郡那賀町阿井四方見坂（ヨミ坂）
徳島県那賀郡那賀町阿井桃の木谷（桃ノ木谷）
徳島県那賀郡那賀町内山（千引岩がある）

表１　高越山から阿南市に下る山道にある、イザナギが黄泉の国から脱出するときに登場する地名や呼称

この『阿府志』に書かれていることが真実ならば、**高越山こそが、イザナミが葬られたとされる比婆山**ということになります。

また、高越山から阿波の東端（竺紫の日向）の阿南市に下る山道には、オナカズラ、生実《いくみ》、竹ヶ谷、ヨミ坂、桃ノ木谷、千引岩など、イザナギが黄泉の国から脱出するときに登場する地名や呼称がたくさん存在しています。

どんな場面で登場するか、見てみましょう。

〈イザナギは追いかけてきたイザナミが放った醜女《しこめ》から逃げるも、追いつかれそうになります。そこで、髪に巻きつけていた黒御縵《くろみかずら》という蔓草《つるくさ》を醜女に投げました（オナカズラ）。すると蔓《つる》が生い茂り葡萄《ぶどう》の木となり、実がなったのです（生実）。醜女がその葡萄に食らいついている隙に必死に逃げますが、あっという間に葡萄を食べ尽くし再び追ってきました。

イザナギは追いつかれそうになると今度は、束ねた髪の右側に刺してあった湯津津間櫛《ゆつつまぐし》（神聖な櫛）を醜女に投げつけました。すると今度は竹の子が生えてきて、醜女はその竹の子を抜き次々と食べ始めました（竹ヶ谷）。そしてようやく黄泉の国と現実の世界の境にあたる黄泉比良坂《よみのひらさか》に差しかか

りました（ヨミ坂）。

　そして、そこにある一本の桃の木を見つけると、その木になる桃の実を三個取り、悪霊たちに投げつけます。すると悪霊たちは勢いを失い逃げていったのです（桃ノ木谷）。しかしとうとう、イザナミがそこまで追ってきました。そこでイザナギは、千引の岩（千人がかりでようやく動かせるほどの大岩）と呼ばれる巨大な岩で黄泉比良坂を通れないように塞ぎました（千引岩）〉（図6）

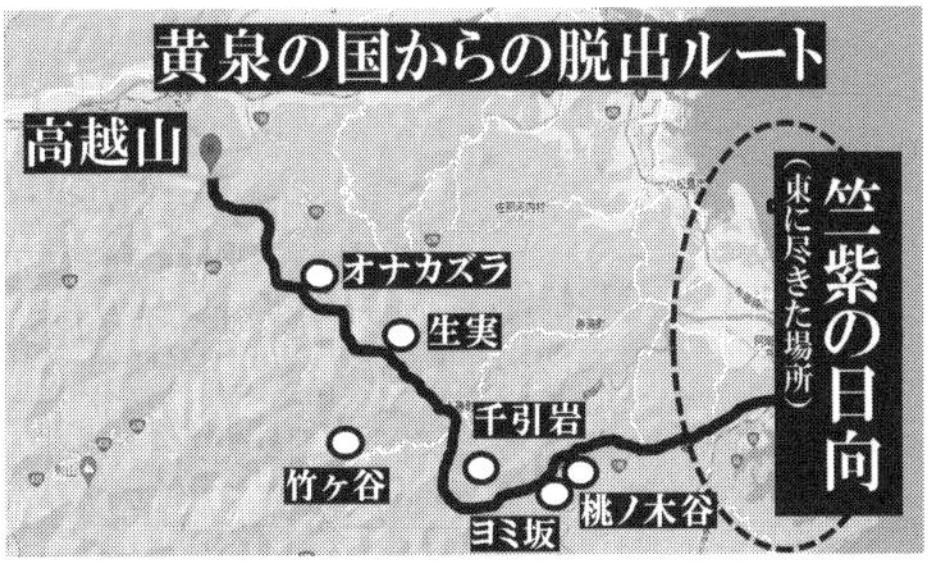

図6

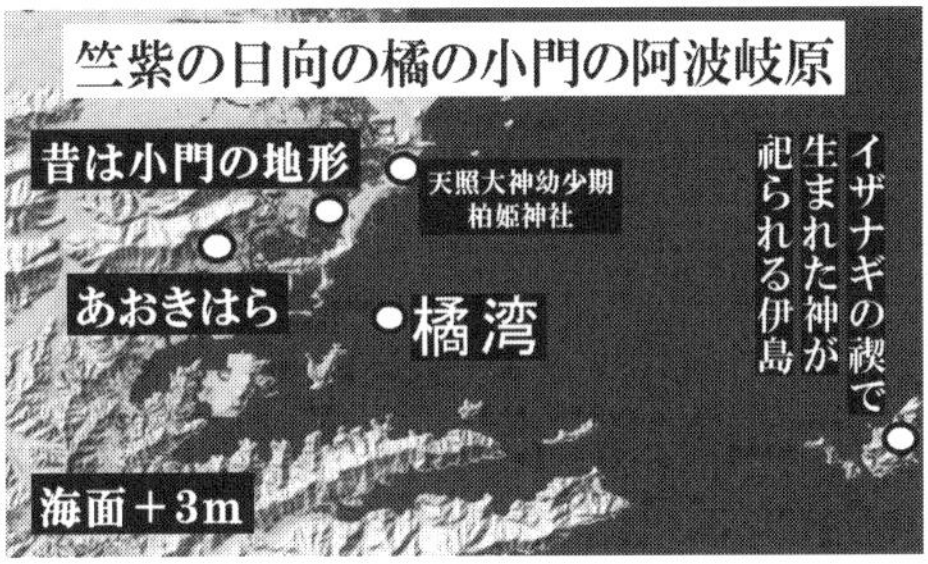

図7

　阿波の最東端には、昔は狭くて小戸《おど》（小門）地形（小さい入江の戸口）の海峡も存在していました。イザナギは橘の小門のアハギ原で禊をしましたが、この最東端の湾の名前は、今も橘湾です（図7）。

　また小戸地形の陸側には、青木原（阿波岐原？）という地名も残っています。その小戸の対岸に、地元では天照大御神の幼少期の名前といわれている賀志波比《かしわひ》売《め》大神を祀ったカシワ姫神社（式内社）

もあります。

この橘湾の沖合に、国生み神話で3番目に生まれた隠岐の三つ子島ではないかと前に書いた伊島があります。日本で伊島にしか祀られていない三柱の神たち（奥津那藝佐毘古神《おきつなぎさびこの》・奥津甲斐辨羅神《おきつかひべらの》・奥《おき》疎神《ざかるの》）は、なんとイザナギが禊をしたときに天照、ツキヨミ、スサノオの前に生まれた神々なのです。

現存する最古の古事記写本は、日本書紀完成の６５０年も後の１３７１年に写本された『古事記真福寺本』です。しかし、最古の書物は間違いなく古事記です。

第40代天武天皇は、各氏族によって勝手に加筆されていた日本の歴史を改め、順序立てて後世に伝えることを目的として、古事記の編纂を命じました。しかし完成したのは編纂の命から30年も経過した、７１２年の元明天皇の御代でした。

一方、正史である日本書紀は、古事記完成から8年後の７２０年に完成します。つまり日本書紀の編纂者は、8年前に完成した古事記の内容を間違いなく見ていたことになります。

そこで古事記と日本書紀の内容で違う箇所があれば、それは日本書紀を編纂した人たちが、古事記とは違う内容に書き換えたということになります。

日本書紀では九州の宮崎と断定して書き直された

古事記には、「竺紫日向之橘小門之阿波岐原」と書かれている箇所が、日本書紀では「筑紫日向小戸橘之檍原」と、書き直されています。

重要なのは古事記と日本書紀でこの箇所の字が違うということです。つまり日本書紀編纂者は、古事記に書かれていた竺紫を筑紫に、阿波岐原を檍原に、書き換えたということです。

私なりの解釈で読みますと、古事記には「最東端にある橘湾の、小さな入江にある、阿波岐原」と書かれており、日本書紀には「九州の日向にある、橘の入江の、檍原」と書かれています。

日本書紀では、「竺紫」が「筑紫」と書き直されています。これは明らかに九州の宮崎と断定して書き直されたのでしょう。古いのは古事記なので、おそらく日本書紀は、奈良大和で最大権力を誇っていた藤原不比等が、**神話発祥の地を阿波から九州に書き換えた**ものと考えられます。

なぜ藤原氏が神話発祥の地を阿波から九州に変えたかの理由については、第7章で、まとめてお話しさせていただきます。

天孫降臨した場所は阿波の眉山だった

イザナギの禊によって生まれた天照大御神は、天津神（高天原の神々）の主宰神として存在していました。時が経つと葦原中国《あしはらのなかつくに》（出雲）は、国津神（地上の神々）の大国主が治めるようになります。

しかし高天原を治めていた天照大御神は、その様子をご覧になり、「葦原中国は我が子が統治すべき」とお思いになります。大国主との交渉の末、天照大御神の孫である瓊瓊杵尊《ににぎのみこと》が高天原から地上界に降臨し、葦原中国を治めることになりました。

これを天の孫が降臨するので「天孫降臨神話」といいます。天照大御神は、三種の神器となる八尺の勾玉、八咫鏡、草薙剣をニニギノミコトに授け、鏡を天照大御神だと思って、地上でも祀るように命じました。

この天孫降臨をされたのは、「竺紫の日向の高千穂《たかちほ》のクジフルタキ」という場所です。この地は岬までまっすぐに道が通じていて、朝日のよく射す国、夕日のよく照る国である、と古事記に書かれています。

阿波吉野川の南岸の海岸近くに、阿波のシンボルである眉山《びざん》という島のような山があります。太古の昔、吉野川の大扇状地は、まだ今のように土砂堆積物が多くなく、葦の生い茂った大湿地帯でした。

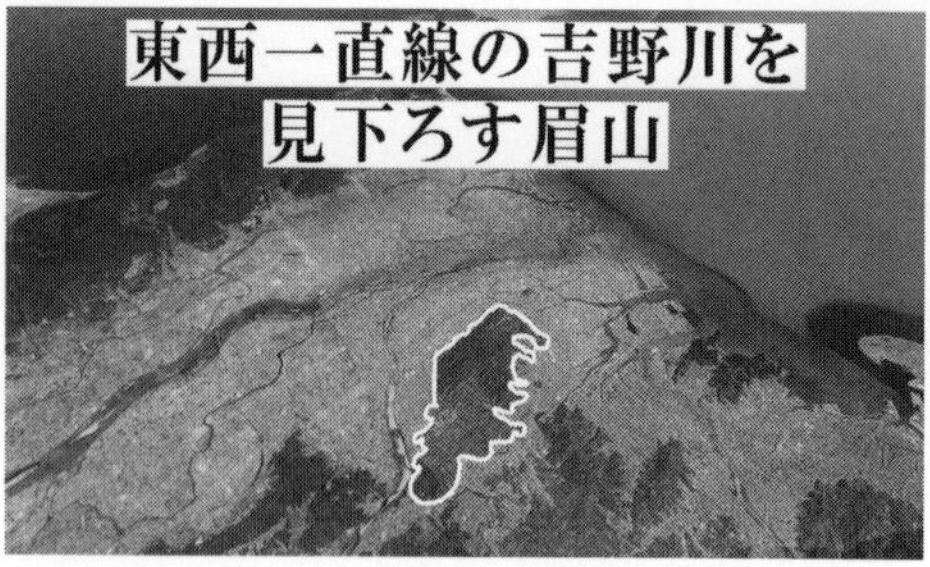

図8

阿波の山岳地帯から続く眉山は、海側に突き出た先端にあたり、大湿地帯にポツンと浮かぶ、岬とも島とも見える形状だったと考えられます。東西に一直線に延びた大河吉野川のおかげで、この眉山からは、日の出から日の入りまで障害物なしに、太陽がきれいに直線上に昇り、沈むという日本でも珍しい景色が見られます。

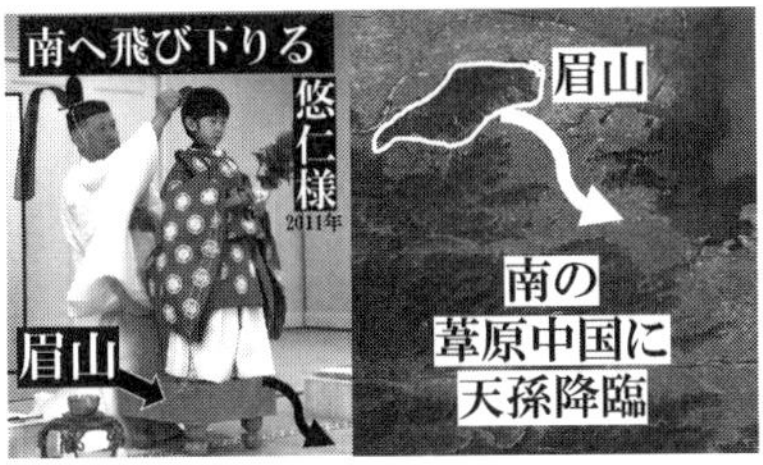

図9

古事記に書かれた、「朝日のよく射す国、夕日のよく照る国である」の情景に、ここほどピッタリな場所はないと思います（図8）。

大変興味深い話があります。皇室には古来から男児だけが行う、深曽木《ふかそぎ》の儀という謎に満ちた儀式があります。右手に桧扇《ひおうぎ》、左手に松と橘を持ち、碁盤の上に南側を向いて立ち、そこから〝ぴょん〟と飛び降りるのです。その碁盤の上にはなぜか青石《あおいし》が二個置かれています。

この右手に持つ桧扇ですが、現在は扇の桧扇を使用していますが、植物の中にもヒオウギがあります。アヤメ科の植物で、扇を開いたような葉が特徴的です。

古代には悪霊退散に用いられており、現在も祇園祭には欠かせない厄除けの〝祭花〟として、ヒオウギが配られたりもします。おそらく古代の深曽木の儀では、皇室の男児はこのヒオウギの枝木を右手に持っていたと考えられます。

この皇室の男児が右手に持つ植物のヒオウギは、眉山から剣山《つるぎさん》の山岳地帯に上ったところにある、神山《かみやま》という地域が今も日本一の生産地になっています。また左手に持つ橘は、阿波の特産品としても有名です。

さらに「碁盤の上にはなぜか青石が二個置かれている」と書きましたが、阿波の青石は、近畿の前方後円墳などで最も多く使われる石なのです。

つまり、この皇室の男児だけが行う、深曽木の儀では、阿波の橘と阿波のヒオウギを持ち、阿波の青石を置いた碁盤を眉山とみなしていると考えられます。これは直系男子の祖であるニニギが、眉山から南の方向の阿南市へ天孫降臨したことを伝える伝承だと考えることもできるのです（図9）。

以上の点から、天孫降臨の本当の場所は九州の日向ではなく、阿波の眉山だと言ってよいと思います。

21代雄略天皇まで「春秋2倍暦」が用いられた

天照大御神から数えて五世孫にあたるイハレビコ（のちの神武天皇）は、古事記によると45歳のとき、日向の国の高千穂宮で兄の五瀬命《いつせのみこと》たちと、「どの地を都とすれば安らかに天下を治められようか」と相談しました。

塩土老翁《しおつちおじ》という翁神が、「東の方で国の中央に位置し、青山に囲まれた広くて美しい国がある、そこが相応しい場所だ」と提案しました。イハレビコは、日向の国は平地が狭く稲作を広めるのに適していないと考えていたので、その塩土老翁の話を信じ、3人の兄と皇子や多くの人を従えて日向を出発します。これが「神武東征神話」です。

神武東征の話に入る前に、天皇の年齢を考えてみます。古代の天皇の年齢を見てみますと、21代雄略天皇までが、初代神武（124歳）、5代孝昭（114歳）、6代孝安（137歳）、7代孝霊（1

２８歳）、８代孝元（１２６歳）、９代開化（１１１歳）、10代崇神（１１９歳）、11代垂仁（１３９歳）、12代景行（１４７歳）、13代成務（１０７歳）、15代応神（１１１歳）、16代仁徳（１４３歳）、21代雄略天皇（１２４歳）と、あまりにも現実離れした年齢になっています。

『三国志』魏志倭人伝の注釈には、「其俗不知正歳四節但計春耕秋収為年紀」と書かれています。これは、「そこの風俗では、正月や四季を知らず、春の耕作と秋の収穫を数えて年紀としている」という意味です。

つまり古代の倭人は、春から秋にかけて1年、秋から春にかけて1年という数え方をし、1年に2歳ずつ年を重ねていることになります。この数え方を「春秋2倍暦」といいます。

初代神武天皇（１２４歳）や16代仁徳天皇（１４３歳）、21代雄略天皇（１２４歳）などの年齢から考えても、まず常識ではあり得ない年齢になっています。しかし21代雄略天皇まで「春秋2倍歴」が用いられたと考えれば、すべての天皇の年齢に関する不自然さもなくなります。

このことからも、**21代雄略天皇までは、この春秋２倍暦で数えられたもの**と考えられます。そうなると紀元前６６０年に即位された神武天皇の即位年も大幅に変わってきます。

単純に21代までの天皇の年齢の合計を2で割っただけでも、計算してみますと９００年近く過去にさかのぼりすぎていたことになります。つまり紀元前６６０年即位の神武天皇は、実際は西暦３００年前後の即位ということになるのです。

そうなれば神武東征も、神武（イハレビコ）が45歳のときではなく20代前半のときの話となり、神武東征が行われたのは西暦３００年代ということになります。

神武東征とは、記紀（古事記、日本書紀）では、ほとんど同じルートが記されています。現代の地名から考えると、宮崎県の日向から出発し、北九州、そして瀬戸内の山陽道を広島県、岡山県と通ったことになっています。次に大阪府から和歌山県南部に上陸して山間部を抜けて奈良に入り、長髄彦率いる饒速日《にぎはやひ》命の軍勢と戦ったことになっているのです。やがてその軍勢を打ち負かし、奈良にヤマト王権を樹立したという日本の建国神話となっています。

阿波国内で起こった伝承が日本全国に波及し、神話になった

まず神武東征での最初の疑問ですが、なぜ宮崎県の日向から出発したことになっているのでしょうか。先にも書きましたが、日本書紀によると、宮崎の日向が日向と最初に呼ばれたのは、初代神武（イハレビコ）天皇から12代も経った、景行天皇の時代です。つまり、イハレビコが出発した時点では、宮崎県の日向から出発したとはまったく断定できないのです。

またこの時代は、南九州に住む、熊襲《くまそ》や隼人《はやと》と呼ばれる部族がヤマト王権と敵対しており、ヤマト王権は南九州を統治下に組み入れていく過程の段階でした。ですので逆にいえば、神話伝承の日向の名前を、後から宮崎県の日向に名付けたという方が時系列的には合っているのです。

宮崎県の日向を、初めて日向と名付けた12代景行天皇は、日本書紀によると7年がかりで九州全域

をいったん治めたとされています。古事記でも、14代仲哀天皇の時代には、南九州の熊襲がまだまだ敵対していたとされています。

また527年には、ヤマト王権に対して筑紫君磐井《つくしのきみいわい》が反乱を起こし、そして720年には、宮崎の日向国に隣接する南九州の隼人とヤマト王権との1年半近くに及ぶ戦も起きています。そんなヤマト王権に、最後の最後まで抵抗していた南九州近くに位置する日向が、初代神武天皇の出生地などということが、はたしてあり得るのでしょうか。

それに古事記に書かれた、「竺紫の日向の高千穂」の日向の地名から、天孫降臨の地も、この近辺とされています。しかし、8世紀になるまでそんな敵だらけだった場所が天孫降臨の地だと本気で信じられるでしょうか。

私は天孫降臨の地も日向も、阿波にあったと考えています。古代に阿波国内で起こった伝承がのちの世に、日本全国に波及し、神話になったと考えています。ですので神武東征も、すべて阿波国内で起こった争いだったと考えられるのです。

神武東征とは阿波国内で皇位継承を争った戦いだった

以下は笹田孝至著『最終結論　皇都ヤマトは阿波だった』に書かれている内容を私なりにまとめたものになります。

○神武軍が熊野の高尾邑《たかおむら》に入ったとき建布都《たけふつ》の霊剣が天から神武に降ろされ勝利に向かうが、阿波市の熊之庄の旧高尾村付近に、全国で唯一、建布都の名前を冠する式内社の建布都神社が祀られている。
○神武の参謀をつとめた速吸之門宇豆比古《はやすいなとうずひこ》が徳島県鳴門市大麻町大谷の、式内社・宇志比古《うしひこ》神社に宇豆比古として祀られている。
○戦いで亡くなった神武の兄・五瀬命《いつせのみこと》の葬儀の地として、阿波国内に五世の宮（五世之神社、名東郡）、五王神社（徳島市）、五滝（八多五滝《はたごたき》、徳島市）がある。
○神武軍と戦った登美の長髄彦の本拠地が鳴門市川端を中心に、富ノ谷、富ノ谷川、富吉《とみよし》、東中富《ひがしなかとみ》、西中富の地名として残っている。
○神武軍で功績をあげた「大久米命」の子孫とみられる久米姓が、全国一の密度で徳島市に集中している。
○神武天皇の祖母または母にあたる豊玉比売命《とよたまひめ》が、全国で唯一、阿波国の式内社・和多都美豊玉比賣《わだつみとよたまひめ》神社（春日神社境内、徳島市）に祀られている。
○神武天皇が妃とした阿比良比売命が、徳島県板野郡藍住町に伊比良咩《いひらめ》神社として祀られているが、阿比良比売命の名前を冠する神社は全国でここだけである。
○神武天皇を支え擁立し、娘を后として差し出した事代主《ことしろぬし》命の名を冠する式内社が、全国唯一、阿波の事代主神社（徳島市）である（図10）。

図10

これらの伝承や地名などから見ても、神武東征とは阿波国内での、イハレビコ（神武天皇）と皇統の親族であった饒速日《にぎはやひ》命との、皇位継承を争った戦いであったと考えられます。その阿波国内の出来事が、記紀では、その時代の倭国全域を網羅するほど、スケールアップされて描かれることになったと考えられるのです。

また、神武天皇がヤマトの地で即位されたときに「この国は秋津（トンボ）のトナメ（交尾）のごとし」と話されたことは前述しました。トンボのトナメの形の秋津が、吉野川の南岸の地域を指している場合、その秋津をきれいに見渡せるのはオノゴロ島に比定した、眉山ということになります。

つまり、神武天皇は饒速日《にぎはやひ》命との皇位争いに勝利し、この眉山から平定した阿波国を見下ろして、「この国は秋津（トンボ）のトナメ（交尾）のごとし」と話されたということだと思います。

ちなみにこの眉山には、日本で最初の神武天皇の銅像が建てられています。これは明治の時代に、大日本帝国で活躍した丸亀歩兵第12連隊の功績を称えて建てられたといわれています。

しかし、記紀神話では、神武天皇と何のかかわりも持たない阿波に、神武天皇の銅像が宮崎県日向よりも早く、日本で最初に建てられたことには、深い意味があるとしか思えません。

神話の出雲とは本当に島根県の出雲なのか

出雲神話で最も有名なエピソードに、八岐大蛇《やまたのおろち》のお話があります。八岐大蛇のお話を要約しますと、高志《こし》の国からやって来たヤマタノオロチから、大山津見神《おおやまつみ》の孫である櫛名田比売《くしなだひめ》を守るために戦ったスサノオは、ヤマタノオロチを退治しました。

その際、ヤマタノオロチから出てきた三種の神器の天叢雲剣《あめのむらくものつるぎ》を天照大神に献上して、須賀の地に宮殿を建てました。そしてスサノオと櫛名田比売の間に八千鉾神《やちほこのかみ》、別名大国主が生まれたとされています。

図11をご覧になればわかるように、出雲神話の地名と、延喜式神社（式内社）と痕跡地が、阿波の吉野川流域に多く存在しています。

まず出雲神話に登場する高志の国は、地名から新潟の越《こし》の国とされていますが、古事記の原文には「是、高志之八俣遠呂智」と書かれています。つまりは、「コシ」ではなく、これは「タカシ」と読めることになります。

『論語』の一部を書写した我が国最古の木簡が、阿波の観音寺（徳島市）から出土しています。重要文化財のこの木簡には、古事記に書かれている「高志」と同じ地名がすでに記されており、確認できる限り、日本最古の「高志」地名ということになります。

　また出雲神話に登場する大山津見神も、徳島県上板《かみいた》町の、その名も「神宅《かんやけ》」という地に「大山」があります。その近くの吉野川には櫛名田比売の名の一部とも考えられる「名田」という地名も存在しています。

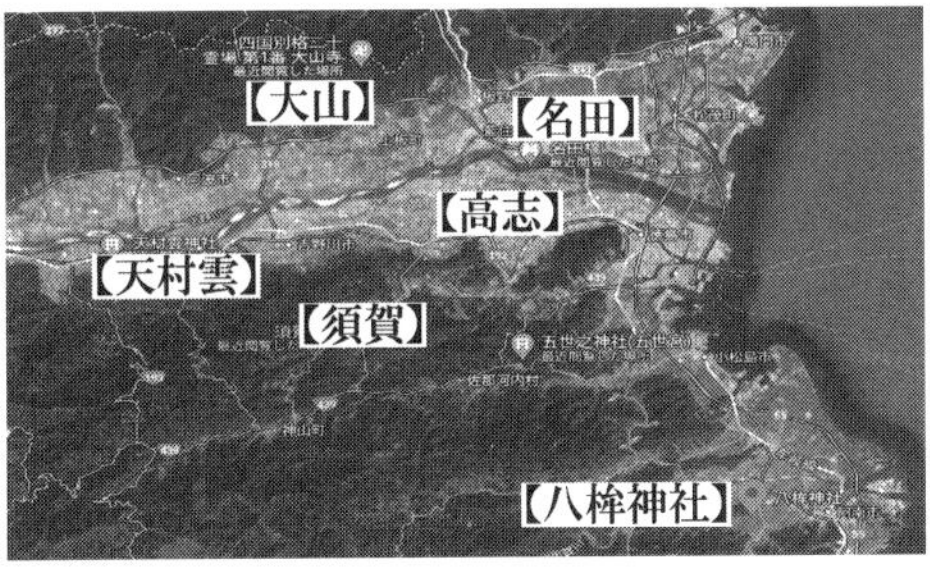

図11　徳島県吉野川流域

　その吉野川の南岸に、式内社で唯一の天村雲《あまのむらくも》神社（吉野川市）があります（天叢雲剣から名前を取ったのでしょう）。山間部には「須賀」の地名もあります。

　また海側には、大国主と同一神とされる大己貴《おおなむち》命を祀った式内社の八桙《やほこ》神社（阿南市）もあります。このような辺鄙な場所にある八桙神社ですが、なんと今上天皇が皇太子時代の1991年に参拝に来られています。

　今上天皇はその2年後の1993年に、ご結婚されました（因みに大国主は縁結びの神様としても有名です）。

　実は古事記に描かれている神話の過半数が、出雲を舞台にした話なのですが、阿波に神話の伝承地名がこれだけあることを考えると、神話の出雲とは本当に島根県の出雲のことなのかと疑ってしまいます。

ところで延喜式神社（式内社）とは、９２７年に朝廷の命によってまとめられた、延喜式神名帳という著名な神社一覧表に記載されている神社のことです。つまり、９２７年よりはるか昔から存在し、由緒ある官社として朝廷に認定されていた日本最古級の神社のことです。

延喜式神社（式内社）ではない神社とは、９２７年から現在に至るまでの間に築造されたか、あるいは由緒のはっきりしない神社ということになります。ただ、９２７年以前の神社でも、「式内社」に対して、「式外社《しきげしゃ》」という神社もあります。「式外社」は大きく二種類に分けられます。

一つは、ヤマト王権の勢力以外の神様を祀った神社のことで、ヤマト王権以外の勢力を祀るということは、神話伝承や日本国の成り立ちには、あまり関係のない神社ということになります。

もう一つは、５５２年に伝来したとされる、仏教の影響で生まれた神仏習合（神と仏を同一視する）の思想により、神ではなく仏を祀っている神社です。これも仏教伝来後なので、時代的に神話伝承には直接は関係しない神社ということです。

有名な京都祇園の八坂神社の主祭神は素戔嗚尊《すさのをのみこと》ですが、８７６年南都の仏教僧・円如《えんにょ》が当地にお堂を建立したことから式外社とされているようです。しかし不思議なことに、神々の天孫降臨の地とされ、文献からも古くから存在していたのがわかる日向の高千穂神社は、延喜式神名帳に記載はなく、式外社なのです。

日向の高千穂神社は、仏教の影響を受けていないのに式外社ということは、もともとはヤマト王権の勢力外、もしくは敵対勢力の神社だったのではないでしょうか。

また神社は、造ろうと思えば誰でも、観光目的などで簡単に造れてしまいます。一例を挙げれば、スポーツの試合や大会、試験などすべての人の必勝祈願を応援するという趣旨で2023年に造られた横浜市の「みなとみらい勝利神社」などがそうです。ですので、式内社かどうかが神社の歴史を調べる場合には重要になります。

4つの神話でわかる、出雲という国の怪しさ

記紀神話を年代順に並べると、次の通りになります。①国生み神話、②禊神話、③天孫降臨神話、④神武東征神話です。

まず、日本の始まりである①の国生み神話では、イザナギとイザナミが次々と国を生んでいきます。ところが、出雲という国は、国生み神話では生まれていないのです。

そして②の禊神話では、亡くなったイザナミを出雲の比婆山に葬ったイザナギは、竺紫の日向の橘の小門の阿波岐原に逃げますが、国生みで生まれてもいない出雲の地から日向に向かったことになります。

出雲はもともと国として生まれていませんので、この段階で出雲は国ではない可能性が高いでしょ

う。③の天孫降臨神話で、イザナギがイザナミを葬り、その地を発ったはずの出雲を、なぜかイザナギの子である天照の孫のニニギが攻めて、出雲を手中に収めます。
④の神武東征神話では、そうやってニニギが島根出雲を治めたにもかかわらず、その子孫の神武は出雲から神武東征には出発せず、出雲とは関係のない、日向の地から出発しています。何より神武東征の神話に、出雲の名はまったく出てこないのも不思議です。
この4つの神話を読んだだけでも、出雲という国が大変怪しい場所であることが理解できます。

古事記・日本書紀（記紀）は、日本国（倭国）の歴史書ですが、それとは別に、各地域の歴史書に、風土記という書物があります。記紀も風土記も、ヤマト王権によって編纂するよう命じられて作られていますので、その時代の嘘偽りは書かれていません。その時代の神話は、その土地に古くから口伝で伝わる歴史そのものであると考えていいでしょう。

中でも出雲国風土記は、日本で唯一完全な形で残っている貴重な風土記です。王権の命令によって編纂され、なおかつ完全体で残る出雲国風土記は、その時代の島根出雲に、古代から伝わっていた真実の歴史神話ということになります。

しかし、その出雲国風土記には、記紀の内容とはまったく違う歴史神話が書かれています。主役の天照大御神や、大国主命の名前はなく、記紀神話には登場しない、聞いたこともない神様たちが登場するのです。

出雲国風土記と記紀は、ほぼ同時代に書かれています。それなのに記紀に書かれた出雲の歴史と、出雲国風土記に書かれた出雲の歴史が違うとは、どういうことでしょうか。記紀の出雲と島根の出雲は、名前が同じ「イズモ」というだけで、違う出雲ということでしょう。

記紀神話に登場する出雲や日向は阿波国内の地域名だった

古事記で、淡路島の次に生まれたとされる四国は、伊予の二名嶋と呼ばれています。昔は阿波の東部海側（竺紫の日向）は伊国の津（水辺）の面《おもて》で、伊津面《いづも》とも呼ばれていたとされています（図12）。

阿波の海側地方にある、大変古い式内社である宅宮《えのみや》神社（徳島市）には、日本の盆踊りの発祥にもなったと言われる、その名も「出雲踊」という古い踊り歌が残されています。「出雲踊」の歌詞には「伊津面の国の伯母御の宗女、御年十三ならせますこくちは壱字とおたしなむ」「イヅモの国の御叔母の宗女は13歳にならせます……」とあります。

阿波の海側地方にある宅宮神社に「イヅモの国」という歌詞の踊り歌が残されていることから、阿波の海側の地方を、イヅモと呼んでいたことがわかります。

宅宮神社の「出雲踊」の歌詞からも読み解けるように、記紀に出てくる神話の出雲が、もし阿波の伊津面のことならば、**出雲とは国ではなく、二番目**

図12

に生まれた伊予の二名嶋の、阿波国の海側地域のことになります。

《出雲》が、国生み神話で生まれた国として出てこないのに、天孫降臨神話や、ヤマタノオロチ神話、神武東征神話に《出雲》が出てくるのは、阿波国の海側地域を指しているからだと考えられます。

また出雲が淡路島の次に生まれた阿波国の地域名だとすれば、早くに生まれた阿波国に出雲は存在していますので、神話の時系列の辻褄がすべて通ることになるのです。

宅宮神社がどれだけ古いのかについては、ご祭神を見ればわかります。ご祭神は、大苫邊尊《おおとまべのみこと》、大《おお》年《としの》大神《おおかみ》ですが、この神様は、イザナギ・イザナミの2代前の神様なのです。この古い神様を祀っている神社は、日本でも数社しかありません。

これらのことから、**記紀神話に最も多く登場する出雲や日向は、阿波国内の地域名だったと考えるのが妥当**だと思われます。

また、宅宮神社の踊り歌の歌詞は、魏志倭人伝に記載されている卑弥呼の次に13歳で女王になった、宗女トヨのことを歌っているようにも思えます。

卑弥呼の次に女王になった宗女トヨについて魏志倭人伝には、「卑彌呼　宗女　壹與《とよ》　年十三爲王《おうとなす》」と記されています。

卑弥呼の話は、第5章でお話しさせていただきます。

第2章　阿波にはなぜ天皇と結びつく神社が多いか

別けられる前の大元の神社が元宮や元社と呼ばれる

神社は日本全国に16万社もあり、その数はコンビニよりも多いといわれています。しかし、一括りに神社と言っても社格や歴史はそれぞれで、日本国の成り立ちに関係するような神社もあれば、近代になってから創建された新しい神社もあります。また神社の社格にしても、由緒がはっきりしているものもあれば、そうでないものも多くあります。

１９４５年の太平洋戦争の敗戦により、古来からあった神社の社格制度も完全に廃止されました。古代から続く由緒ある神社と、そうではない神社との調べ方については、前の章で触れましたが、９２７年に朝廷の指示で延喜式神名帳にまとめられた、延喜式神社（式内社）なのか、そうでないのかが重要になってきます。

たとえば１９８０年代に鹿児島県霧島市に卑弥呼神社が創建されました。ひょっとすれば今から数百年後、この神社を訪れた人の中に「卑弥呼の神社が在るのだから、ここが邪馬台国で間違いない」

と思う人が現れるかもしれません、ですので式内社かどうかが重要なのです。

式内社だけでも日本全国に2861社もあります。神社の総数は先ほども書きましたが16万社もあります。なぜこんなに神社は多いのでしょうか。
○○稲荷神社は全国に3万2000社もあり、○○八幡神社に至っては4万4000社も存在しているとされます。このような状況になっている理由としては、神道や仏教には神仏を分けて別の場所で別《わ》け祀る、勧請《かんじょう》という考えが影響しています。
神道は、平安時代になると神仏習合が進み、はじめのうちは「神」が主で「仏」が従でしたが、そのうちに仏教が力を増していき、立場は逆転していきます。平安までの古来から続く神道は、もともとは各土地に祀られている氏神信仰が主流でした。しかし平安中期頃から、勧請信仰という考えが仏教から入ってきます。

勧請信仰は、霊威ある神々を地域を越えて祀れるために、人々に受け入れられ、盛んになっていきました。そして、稲荷、八幡、天神、伊勢（神明）などの有名な各社が、全国各地に別け祀られるようになっていくのです。

古来から続く神道は、もともとは磐座《いわくら》信仰で、その場所に存在している墓や古墳や祠、また岩や山や滝などが信仰の対象でした。その成り立ちから神様は、本来祀られている場所からは動かないものと考えられていました。

しかし6世紀中頃に伝播した仏教の勧請信仰の考えにより、神様も別けて祀られると考えられるようになります。神様を別けて祀った勧請神社が、日本各地に存在するようになっていき、16万社にも及ぶ神社数になっていったのです。

勧請され、別けられて祀られた神社が在るということは、別けられる前の、大元の起源の神社が存在しているということにもなります。この起源の神社は、元宮や元社と呼ばれています。

出雲大社は延喜式神名帳が書かれるまでに式内大社に格上げされたか

勧請信仰では、元宮も勧請宮もまったく同じ神様であって、別けられても霊験《れいげん》や神力《しんりき》には何の違いもないと考えられています。しかし、霊験・神力に違いはなくとも、元宮はその神様が最初に現れた場所にありますので、神話の成り立ちを考えても、元宮は我が国の歴史に大いにかかわってくるのは間違いありません。そうなると当然、どの神社が元宮なのかが気になってきます。

元宮には、古くから元宮と呼ばれている神社もありますが、時代背景を考えれば、ある重要なことに気づきます。神様の名前が初めて書かれた記紀が成立したのは、古事記が712年、日本書紀が720年です。そして式内社が書かれた「延喜式神名帳」が完成するのは927年です。

つまり、記紀が書かれてから、延喜式神名帳が書かれるまでに、実に200年もの年月がかかっているのです。因みに今から200年前といえば、11代将軍徳川家斉の時代で、大昔です。200年の年月とはそれほど長いのです。

たとえば記紀神話を読んだ実力者が、記紀神話に出てくる神様の神社を、由緒も伝承もない土地に、古事記完成の712年から延喜式神名帳完成の927年までの間に創建したとします。由緒や伝承のまったくない神社でも、この時代は今のようにネットも書物もない時代です。

ですので、200年もの時が経てば、由緒もそれなりに語られ、それを信じる人たちが口伝を広げていくうちに神話になったりもするでしょう。つまり、もともとは由緒も伝承もなかった神社が、やがては式内社として認定されることもあり得るということです。

またその神社が、その後に大変有名な神社にでもなれば、本当は由緒も伝承もないのに、元宮や元社と思われても、仕方がないということです。

そう考えれば、式内社や元宮といえども、由来や由緒などはあまり信用ならないのかといえば、そうでもありません。記紀神話には、日本の建国の国生み神話が書かれています。

神話ですので、誇張されて書かれているのは間違いないでしょうが、ポンペイの神話や、トロイの木馬神話等、世界の神話を見ても、神話に関しては誇張された事実も多いのです。

国生み神話で生まれた国も、現実的には神話の通りに国や島が生まれるはずもなく、やはり統治や征服をしていった順番だったと考えた方が理にかなっています。そう考えると、国生み神話で生まれていない国（統治や征服をまだしていない国）に日本建国に関係する式内社が存在しているのは、おかしなことになります。

島根県の出雲に日本建国に関係する、大国主を祀った式内社の出雲大社がありますが、前に述べたように、記紀の国生み神話では島根県は生まれていません。

ですので島根県の出雲大社は、日本建国には関係なく、記紀神話が世に出てから、延喜式神名帳が書かれる200年間の間に、式内大社に格上げされた神社、ということになるのではないかと思います。現に出雲大社は明治までは、杵築《きづき》大社という名前で呼ばれており、明治になって初めて出雲大社という名前になりました。

また出雲大社に関しては、京都府亀岡市に、これも「出雲」と名のつく式内大社で、丹波国一宮の出雲大神宮があります。この出雲大神宮は別名「元出雲」とも呼ばれており、この出雲大神宮と出雲市の出雲大社の由緒では、お互いが元宮だという主張をしています。

しかし出雲大神宮がある丹波国も、実は国生み神話では生まれていません。ですので、国生み神話を、神話に残された歴史と考えた場合、両社とも実は、どこかから勧請された神社ということになります。

おそらく、神話伝承を持ち込みたかった実力者がそれぞれの地に創建し、神話口伝を氏族やその土地の人たちによって広げ、長い年月が経つうちに、神話や史実と考えられていったのでしょう。

「坐、座」がつく神社は勧請された神社

本当の元宮を探る場合、私は国生み神話などから紐解く以外にも、二つの方法があると考えていま

す。

一つは、神社名に「坐、座」の字がつく場合です。この「坐、座」は、鎮座するという意味で、これはどこかから来られて鎮座された神社という意味だと読み取れます。

たとえば京都市に木嶋《このしま》坐《にます》天照《あまてる》御魂《みたま》神社という神社が在りますが、この社名は「木嶋に来られ鎮座された天照の御魂を祀る神社」という意味です。このように、「坐、座」の字がつく神社は、勧請された神社と言えるわけです。

もう一つは、土地名や「坐、座」などがつかず、記紀神話に登場する有名な「神様等の名前のみ」がつけられた神社です。これは、来られた場所や、鎮座されたという意味ではなく、〇〇の神様の神社と読み取れるので、元宮ではないかと思われます。

たとえば、「Aさんが新宿に来られて建てた家」と「Aさんの家」では、どちらがAさんの生家かは、すぐに理解できると思います。

奈良県に式内社の高市《たかいち》御縣《みあがた》坐《にます》鴨《かも》事代主《ことしろぬし》神社（高市郡）が在りますが、これは高市に来られ鎮座された「事代主」の神社と読み取れますが、阿波には式内社で事代主神社が在ります。日本中に事代主を祀った神社は数多くありますが、阿波の「事代主神社」は日本で唯一、事代主の名前だけがついた式内社です。

日本全国に事代主の名前がついた神社はいろいろありますが、「神様の名前＋神社」はここだけです。このように、どれが元宮かは字から読み取ることでも想像がつくと思います。

（奈良）大和国の式内社で坐の付く神社

率川（坐）大神神御子神社
宇奈太理（坐）高御魂神社
和尓（坐）赤坂比古神社
矢田（坐）久志玉比古神社
添御県（坐）神社
添御県（坐）神社
竜田（坐）神社
龍田（坐）天御柱国御柱神社
往馬（坐）伊古麻都比古神社
平郡（坐）紀氏神社
雲甘寺（坐）楢本神社
葛木（坐）一言主神社
葛木倭文（坐）天羽雷命神社
片岡（坐）神社
石園（坐）多久虫玉神社
調田（坐）一事尼古神社
葛木（坐）火雷神社宮
神（坐）日向神社
穴師（坐）兵主神社

巻向（坐）若御魂神社
他田（坐）天照御魂神社
志貴御県（坐）神社
狭井（坐）大神荒魂神社
忍坂（坐）生根神社
長谷山口（坐）神社
村屋（坐）弥富都比売神社
池（坐）朝霧黄幡比売神社
鏡作（坐）天照御魂神社
高市御県（坐）鴨事代主神社
飛鳥（坐）神社
宗我（坐）宗我都比古神社
飛鳥山口（坐）神社
甘樫（坐）神社
稌代（坐）神社
牟佐（坐）神社
畝火山口（坐）神社
巨勢山（坐）石椋孫神社
巨勢山（坐）岩椋神社

軽樹村（坐）神社
多（坐）弥志理都比古神社
十市御県（坐）神社
目原（坐）高御魂神社
畝尾（坐）健土安神社
天香山（坐）櫛真命神社
大和（坐）大国魂神社
石上（坐）布留御魂神社
山辺御県（坐）神社

奈良は
最古の都なのに
どこから勧請？

図13

不思議なのは、ヤマト王権の発祥の馳とされている奈良県には、291社の式内社がありますが、そのうち「坐、座」のつく神社が47社と大変多く存在しているということです（図13）。

奈良県は、日本建国の最古の都のはずなのに、「坐、座」のつく神社はいったいどこから勧請されたのでしょうか。記紀神話で一番多く登場する地名の「出雲」のある島根県にも、187社の式内社がありますが、そのうち16社には「坐、座」の字がついています。

また神話伝承がたくさん残っている高千穂や日向のある宮崎県では、「坐、座」のつく神社はありません。しかし、神話伝承がたくさん残っているのにもかかわらず、そもそも宮崎県にはたったの4社しか式内社が存在しないのです。

前章にも書いたように、神々の天孫降臨の地とされ、文献からも古くから存在していたことがわかる日向の高千穂神社も、式内社ではなく、式外社です。因みに阿波には50社の式内社がありますが、「坐、座」の字がつく神社は、

大麻比古神社	オホアサヒコ
鹿江比賣神社	カエヒメ
宇志比古神社	ウシヒコ
建布都神社	タケフツ
事代主神社	コトシロヌシ
伊射奈美神社	イサナミ
天椅立神社	アマノハシタテ
天都賀佐毘古神社	アマツカサヒコ
弥都波能売神社	ミツハノメ
波尔移麻比弥神社	ハニヤマヒメ
倭大国玉神社	ヤマトオオクニタマ
倭大国敷神社	ヤマトオオクニシキ
天村雲神神社	アマノムラクモ
忌部神社	イムベ
伊加加志神社	イカカシ
天水沼間比古神社	アマツヌマヒコ
天水塞比売神社	アマノミツセキヒメ
秘羽目門比売神社	ヒハメノヒメ
天石門別八倉比売神社	ヤクラヒメ
天石門別豊玉比売神社	トヨタマヒメ
麻能等比古神社	マノヒコ
大御和神社	オホミワ
天佐自能和氣神社	アマサシノワケ
御間都比古神社	ミマヅヒコ
多祁御奈刀祢神社	タケミナトミ
意富門麻比売神社	オフトマヒメ
山方比古神社	ヤマカタヒコ
宇母理比古神社	ウモリヒコ
阿佐多知比古神社	アサタチヒコ
建嶋女祖命	タツシマメオヤノミコト
和奈佐意富曽神社	ワナサイフソ
室比賣神社	ムロヒメ
建比売神社	タケヒメ
八桙神社	ヤホコ
賀志波比売神社	カシハヒメ
和多都美豊玉比売神社	ワタツミトヨタマヒメ

阿波の
有名神単体の式内神社

図14

たったの一社も存在しません。

また、土地名や「坐、座」などがつかず、記紀神話に登場する有名な「神様等の名前のみ」がつけられた神社（神様の名前＋神社）は、日本全国を見渡しても数は大変少ないですが、そのほとんどが、なんと阿波に存在しているのです（図14）。

式内社のイザナミ神社は阿波にしか存在しない

日本を生んだ最初の男女大神のうち、イザナギを祀ったイザナギ神社（男神）は日本に7社も存在しますが、式内社のイザナミ神社（女神）は日本で唯一、阿波にしか存在しません（図15）。

イザナミは、神話からもわかるように早くに亡くなったので、口伝や伝承が広まる時間がなく、本当に生存して亡くなった土地にしか式内社（元宮）が存在しないためだと考えられます。

この式内社で日本に一社しかないイザナミ神社の近くには、イザナギが天に架けたと言われる天《あまの》椅立《はしだて》の名を冠する、これも日本で一社しか存在しない、式内社の天椅立神社（東みよし町）もあります。観光地で有名な丹後半島の天橋立にも天橋立神社がありますが、丹後半島の天橋立神社は式内社ではありません。

図15

図16

徳島市国府町に大御和《おおみわ》神社が在ります。「国府」と現在も名の残るこの場所は、文字通り古来から阿波の中心地で、いわば古代阿波国の首都だったと言える場所です（図16）。

阿波国の〝首都〟の中心にあるこの大御和神社は、現在の国会議事堂と同じく古代阿波の祭政の中枢の地でした。屋根瓦の上にはびっしりと菊花紋が並んでおり、その威厳の高さからも、本当に阿波国一国だけの中心地だったのか疑問です。

大御和神社は昔から府中宮《こうのみや》や印鑰《いんやく》大明神とも呼ばれ、文武朝（702年）に国司より、国の印と国庫の鍵を授けられたとされる由緒ある式内社です。国庫の鍵を表したと言われるこの社紋は、全国的にもほとんどなく、印鑰神社と呼ばれる神社も、日本に数社しか存在しません。

奈良県桜井市の三輪山の麓にある、大和国一宮・名神《みょうじん》大社で、日本最古の神社として有名な大神《おおみわ》神社は、阿波大御和《おおみわ》神社と同じ読み方です。しかし奈良の大神神社は明治までは、美和乃御諸宮《みわのみもろのみや》と呼ばれていました。

奈良の大神神社の摂社（本社に付属し、その祭神と縁故の深い神を祀った神社）に、高宮《こうのみや》神社がありますが、阿波の大御和神社の別称も府中宮《こうのみや》です。府中宮《こうのみや》とは、国府に置かれた神社を指す言葉で、前述の「ヤマタノオロチの高志の木簡」が出土した観音寺遺跡（徳島市）からは、日本最古、7世紀の「難波津」（万葉仮名）木簡、日本最古の「国守」表記や税制、論語木簡などが出土しています。阿波の大御和神社は、数ある国府の中でも畿内と同様の先進地に建つ神社であったことがうかがえます。

奈良県三輪山の大神神社近くにある、ヤマト王権の発祥地とされる纏向《まきむく》遺跡からは、阿波の鮎喰川《あくいがわ》流域の東阿波式土器が数多く出土しています。また、阿波の吉野川南岸中下流域には、「三輪山型説話」（三輪神話）が多く語られ残されています。

三輪山型説話とは、大物主大神《おおものぬし》と活玉依姫《いくたまよりひめ》の恋物語の説話で、活玉依姫のもとに夜になると若者が訪ねてきて、二人は恋に落ち、姫は身ごもります。素性のわからない若者を姫の両親は不審に思い、姫に言って、若者が訪ねてきたときに若者の衣の裾に麻糸を縫いつけさせます。

翌朝糸をたどっていくと三輪山にたどり着き、これによって若者の正体が大物主大神であり、お腹の中の子が神の子だと知るのです。このときに糸巻きが三巻き（三勾）残っていたことから、この地を美和（三輪）と名付けたということです（これと類似した説話が全国各地に広がりを見せ、古事記のこの物語は三輪山型説話と呼ばれています）。

大御和神社は大和国の大神神社の元社であった可能性も

阿波の吉野川南岸中下流域には、この三輪山型説話に似た説話が残されています。

第10代崇神天皇の母である伊加賀志許賣命《いかがしこめ》を祀る日本唯一の式内社・伊加加志《いかがし》神社（吉野川市）のすぐ西隣に森池という大変深い池がありました。池は近くの二つ森を映して深く静かだったので、森池と呼ばれました（現在でも二ツ森という地名が残っています）。

その昔、大金持ちの娘が、池のほとりへ花を摘みに来たとき、この辺りでは見たこともない美しい若者に出会いました。その後、若い二人は人目を忍ぶ仲になり、やがて娘のお腹がだんだん大きくなって、もう隠すことができなくなりました。

母親に問い詰められた娘は、一部始終を話しました。若者の体がとても冷たかったことや、戸締まりをしてあってもどこからか入ってきたりするなど、怪しいことがたくさんあったので、娘の母親は若者の着物の裾に、赤い糸を通した針を刺しておくように言いつけました。

翌朝、その糸をたどっていくと、糸は森池の中に消えていて、いつもは静かな池の水面が、大渦のように湧き立っていました。それから2、3日たって、水面に白い腹に針を立てた池の主の大蛇の死骸が浮き上がっていました。村人は、のちの祟りを恐れて、大蛇を池のかたわらにていねいに葬りました。

伊加賀志許賣命を祀る伊加加志神社には、伊加賀志許賣命の兄であり、物部氏の祖と言われる伊香《いか》色雄命《しこお》もお祀りされています。伊香色雄命は、第10代崇神天皇のときに大臣となり、なんと大物主大神を祀る神班物者《かみのものあかつひと》（神に捧げる物を分かつ人）に任じられています。

三輪山型説話では大物主大神は蛇や大蛇とされたりと、冷遇されて描かれています。これは蛇が大物主大神の化身とされているからです。その大物主大神の御霊を祀るために、この近くに伊加加志神社を創建し、大物主大神の神班物者であった伊香色雄命をお祀りしたのではないでしょうか。

なお、この伊加加志神社や二ツ森の近くには「奈良」という地名があります。平安時代から鎌倉時代にかけて、東大寺や興福寺の門前町としてつけられた奈良町と何か関係があるのかもしれません。

阿波国の大御和神社に話を戻しますと、奈良県三輪山の大神神社近くにある纏向遺跡から阿波の鮎喰川流域の東阿波式土器が数多く出土していること、阿波の吉野川南岸中下流域には三輪山型説話が多く語られ残されていることから、大御和神社は、大和国の大神神社の元社であった可能性が考えられます。

阿波の南部海側地方に鎮座されている式内社の八桙《やほこ》神社は、前章で話しましたが一説では、大国主

図17

命を祀っている、出雲大社や出雲大神宮の元宮だともされています（図17）。

大国主命の別称は、八千鉾《やちほこ》神なので、「出雲」が阿波の海側地方のことであるならば、阿波にあるこの八桙神社が本当の出雲大社だとすると、地理的にも辻褄は合うことになります。

２０００年（平成12）、島根の出雲大社から巨大な柱跡が発見されました。これは神話に出てくる巨大神殿の痕跡ともいわれていますが、あの柱跡は鎌倉時代の柱跡で古代の柱ではありません。おそらく、島根出雲に出雲大社を持ち込みたかった実力者が、神話から「大社」をその地に創建したものと考えられます。

阿波にも諏訪があり、諏訪大社の元宮が鎮座している

古事記の「国譲り神話」で、敗れた建御名方《たけみなかた》神が逃げ延びたとされる地にできたのが、長野県の諏訪大社です。しかし、実は諏訪という土地は阿波にもあり、そこに諏訪大社の元宮と言われる元諏訪社・多祁御奈刀弥《たけみなとみ》神社（名西郡石井町）が鎮座しています（図18）。

長野諏訪大社には「御頭祭《おんとうさい》」と呼ばれる、鹿の首75頭を生贄《いけにえ》として供える、全国的にも珍しいお祭

りがあります。一方、この阿波の多祁御奈刀弥神社にも、75膳の供物を供える、同じような祭りがあります。

多祁御奈刀弥《たけみなとみ》神社の社名は、国譲り神話の建御名方《たけみなかた》と后の八坂刀売《やさかとめ》の名を合わせて、「タケミナトミ」神社と呼ばれるようになったといわれています。

図18

阿波の多祁御奈刀弥神社の近くには、建御名方《たけみなかた》の母の沼河比売《ぬなかわひめ》を祀る石井町の杉尾神社（現在は吉野川市鴨島《かもじま》町にある敷島《しきじま》神社）や、父の大国主を祀る、前出の大御和神社もあります。

阿波に伝わる『浦庄村史』には、「光仁帝の宝亀十未年（779年）、信濃国諏訪郡南方刀美神社（現在の長野県諏訪大社）は、阿波国名方郡諏訪大明神を移遷し奉る」とあります。つまり、南方刀美《みなかたとみ》神社では779年に阿波国名方郡の諏訪大明神を阿波から移したと記されているわけです。

阿波の樫原神社の神紋は天皇家の菊花紋

奈良にある初代神武天皇を祀る橿原《かしはら》神宮は、実は神武天皇の宮があったと思われる今の地に、明治天皇が造らせたものです（1890年創建）。出雲大社の名前と同じく、大昔から存在していると思っている人も多いでしょうが、すごく新しい神社です。

一方、阿波に昔からある樫原《かしはら》神社（阿波市）もご祭神を神武天皇としていますが、阿波の樫原神社の神紋は、天皇家の菊花紋です（図19）。一方、奈良の橿原神宮の神紋は天皇家の菊花紋ではありません。なお、この阿波の樫原神社には、ある逸話があります。

図19

明治に入り、奈良に橿原神宮ができた頃、阿波の鈴川山《すずかわやま》にあった阿波樫原神社は、ある日突然轟音とともに崩れ落ち、谷底に埋まってしまったというのです。それを村民が総出で掘り起こし、現在の場所に鎮座させたといわれています。

謎の轟音は、当時地震が起きたという話がないだけに、誰かによる爆破だともいわれています。22ページで書いた、粟島と呼ばれた善入寺島で爆破された浮島八幡宮と同じような構図の話です。

この背景には長期に及んだ徳川時代が終わり、天皇の御代の明治に移行する際に、約1000年にも及ぶ武家政治によって、弱くなった天皇家の力を強めるために、明治政府は「王政復古」や「神仏分離令」を発し、古来からの皇統の神話伝承を強化したということがあります。これは皇統の正当性を強める政策でした。奈良に神武天皇の橿原神宮を新設したり、杵築大社を出雲大社に改名したのは、その一環です。

仮に、阿波に日本の起源とされるものが見つかれば、飛鳥京から続く皇統の歴史が覆り、大混乱になる恐れがあります。ですから、阿波の浮島八幡宮や樫原神社を歴史から消し去ったのではないかと、私は考えています。

天村雲《あめのむらくも》神社（吉野川市）に祀られている天村雲命の名は、ご存知のように三種の神器の草薙剣《くさなぎのつるぎ》（別名・天叢雲剣）から取られています。歴史書であり、神道における神典である先代旧事本紀《せんだいくじほんぎ》には、饒速日命の孫として、天村雲命が登場します。また京都府宮津市に鎮座する籠神社の社家・海部《あまべ》氏に伝わる海部氏系図では、天火明命《あめのほあかり》の孫として天村雲命が登場します。一方、天村雲命は伊勢神宮外宮《げくう》の禰宜《ねぎ》を世襲している一族である度会《わたらい》氏の祖ともいわれています。

天村雲命については、いろいろな伝承が残されており、どれを信じていいのかもわかりません。しかし、ただ一つ確実に言えることは、**三種の神器の天村雲命の名を冠する式内社は、阿波にしか存在しない**という事実です。

倭大國魂神社が鎮座する美馬には天皇という地名が存在する！

日本書紀に、第10代崇神天皇が、宮中の中で祀られていた二柱の大神、すなわち天照大御神と倭《やまとの》大國魂神《おおくにたまのかみ》（大国主）を、神力が強すぎるので宮中の外に移転させたという記載があります。天照大御神はもちろん伊勢神宮に祀られている神のことですが、国内を70年ほど巡った末に、今の伊勢神宮に鎮座されました。

　もう一つの國魂神とは、各国々に鎮座する、その土地の氏神様のことです。氏神様なので、その土地から離れることはありません。國魂神社は各地域の氏神様を祀り、今でも各地にいくつも存在しています。

図20

　倭大國魂神とは倭の国（日本）の國魂神という意味になり、大国主を祀っています。その倭大國魂神社という古来から伝わる神社は、日本でたった一社、阿波の美馬《みま》という地に今も倭大國魂《やまとおおくにたま》神社として「倭」の字を冠して存在しています（図20）。

　ヤマト大國魂神社と読める神社は、日本に3社、つまり阿波と淡路島と奈良に存在しています。阿波にあるのは、倭大國魂神社で、淡路島にあるのは大和大國魂神社です。奈良にあったのは大和坐大國魂《やまとにいますおおくにたま》神社（天理市にある現在の大和神社）です。

　奈良の「坐」の意味は、前にも話しましたが、別のところから「いらっしゃった」という意味に取れます。重要なことは、記紀に書かれてある字は「大和大國魂」ではなく、「倭大國魂」だということです。「倭」の字を冠するのは阿波の倭大國魂神社だけです。

図21

字の意味から考えると、阿波の「倭」が淡路島に勧請され「大和」になり、そこからまた奈良に勧請されたので「大和坐」になったと考えられます。しかし、もともと「坐、座」の字を持っていた神社は、現在は「坐、座」の字を省略され、由緒書などを調べない限りわからない神社も多くあります。

やはり**勧請された神社であることが明らかになるのを忌み嫌って、「坐、座」の字を隠しているのではないでしょうか。**古来から続く由緒ある神社名を省略するのは、おかしな話です。

この奈良の大和坐大國魂神社も、現在は大和神社（別名・大和大國魂神社）とされ、「坐」の字は省略されて（隠されて）います。おそらく、この神社に行かれても大和（坐）大國魂神社とはわからないでしょう。

また、倭大國魂神を宮中の外に移転した、崇神天皇の治めた磯城瑞籬宮《しきのみずかきのみや》の都や古墳は、奈良の纏向遺跡の辺りとされています。しかし、崇神天皇の母である伊香色謎《いかがしこめ》命を祀る、伊香色の名を冠する式内社は、奈良ではなく、全国でただ一社、この阿波の倭大國魂神社近くに存在しています。それが伊加加志《いかがし》神社（吉野川市）です。

そして崇神天皇は、日本書紀での名は御間城天皇《みまきのすめらみこと》とされており、皇后の名が御間城姫《みまきひめ》です。

阿波の倭大國魂神社が鎮座しているのは、美馬《みま》（ミマキノスメラミコトやミマキヒメから取ったか）という地であり、なんとそこには天皇《てんのう》（美馬郡つるぎ町）という地名が今も存在しています（図21）。以上の点からも、**神話伝承に残る、崇神天皇の本当の都は、この阿波の美馬だった**のではないでしょうか。

卑弥呼の金印と思われる埋蔵物があると記した古文書がある

阿波の神社の最後に、式内名神大社で阿波国一宮、神社格最高位である正一位の天石門別八倉比賣《あまのいわとわけやくらひめ》神社（徳島市）を紹介します。ご祭神の八倉比賣は大日貴尊《おおひるめのむち》のことであり、この神は神社の略記に天照大御神の別称と書かれています。

またこの神社の略記には、天照大神の葬儀執行の詳細な記録が記されています。それによると、先導は伊魔離神《いまりのかみ》、葬儀委員長は大地主神（オオクニヌシ？）と木股神《きまたがみ》、松熊《まつくま》二神、それに神衣を縫った広浜神《ひろはまのかみ》と記載されています。

八倉比賣は天照大御神の別称とされ、また天照大神は大日貴尊とも呼ばれます。日の巫女であることから、この地域の伝承では**八倉比賣は卑弥呼ともいわれています**。

八倉比賣神社の奥にある階段を登ると、卑弥呼の墓と伝えられている、一辺2・5メートルの正五角形の石囲いがあります。実はこれ自体が古墳で、周囲350メートルを参道が囲んでいます（図22）。

図22　天石門別八倉比賣神社（卑弥呼の墓と伝えられている御陵）［撮影 大木一範］

八倉比賣神社に伝わる古文書には「神陵の経は百余歩」と記されていますが、その数値は魏志倭人伝にある、卑弥呼の墓は「経百余歩」という記述と一致します。なお八倉比賣神社があるこの土地はその昔、大御和神社も鎮座する国府（首都）が置かれた阿波でも一番由緒のある場所になります。

八倉比賣神社は杉尾山《すぎのおやま》に鎮座していますが、杉尾山の御神体はその杉尾山です。この山を含む気延山《きのべやま》一帯には、なんと約200もの古墳が存在しています。

この国府町矢野に広がる「矢野遺跡群」は近年の研究で、徳島市中央部に広がる広大な弥生時代遺跡で、西日本最大級の遺跡群であることが科学的に解明されています。

出雲大社宮司家で国学者だった千家俊信《せんげとしざね》が1831年に著した『阿波国杉之小山之記』という書物があります。これには興味深いことが2点書かれています。

一つは、天照大神が高天原から下って気延山に神陵を築造したとしており、さらに推古朝にその神陵を気延山から南麓の杉尾山に移したと書いてあることです。つまり八倉比賣神社がある気延山をさらに上に登っていくと、高天原があるということが書かれているのです。

実際に気延山を登っていくと、神山《かみやま》や剣山《つるぎさん》といった、徳島で一番神秘的な山上地帯に行き着きます。

図23

そしてこの一帯には、高天原にあるという天岩戸の名前を冠した天岩戸《あまのいわと》別《わけ》神社（佐那河内村）が存在しています（図23）。

『阿波国杉之小山之記』に書かれたもう一つの興味深い話は、なんと卑弥呼の金印と思われる物が埋まっているとも書かれている点です。具体的には「大神は、天より持ってきた赤珠の印璽を、杉の小山の嶺に深く埋めて、天の赤珠で覆い納めた」（現代語訳）とあります。

２００８年に放送されたテレビ東京系列の『みのもんたの日本ミステリー』というテレビ番組で、この八倉比賣神社の卑弥呼の墓を調査したことがありました。そのときに何かが埋まっていることが確認されています。

現在のところ『阿波国杉之小山之記』の真偽のほどはわかりませんが、邪馬台国九州説にも畿内説にも存在しない、魏の皇帝から邪馬台国の卑弥呼に送られた「親魏倭王印」について記された文献が、阿波に存在していることは事実なのです。

第3章　阿波は天皇家の祖の土地だった

大嘗祭では三国以外の物を口にすることはできない

天皇陛下が御代替わりをされ、その皇位継承を国の内外に示す一連の国事行為の儀式を、「即位の礼」といいます。

即位の礼では、5つの儀式（国事行為）が行われますが、最も有名なものは「剣璽等承継の儀《けんじとうしょうけいのぎ》」です。これは、「八咫鏡《やたのかがみ》」「草薙剣《くさなぎのつるぎ》」「八尺瓊勾玉《やさかにのまがたま》」の、いわゆる三種の神器のうち、剣と璽（勾玉）の引き継ぎの神事です。

八咫鏡は、天照大御神が弟のスサノオの乱暴狼藉《ろうぜき》に怒って天の岩屋戸《いわやど》に隠れた（岩戸隠れ）際に、岩戸の外に出ていただくために、天津麻羅《あまつまら》と伊斯許理度売命《いしこりどめのみこと》によって造られたとされています。

草薙剣は、スサノオがヤマタノオロチを退治したときに、ヤマタノオロチの尾から出てきた天叢雲剣《あめのむらくものつるぎ》のことです。のちにヤマトタケルが敵の放った野火に囲まれ窮地に陥ったときに、持っていた天叢雲剣で草を刈り払い脱出に成功したことから「草薙剣」と呼ばれるようになりました。

天叢雲剣は前章（47ページ）で書きましたが、阿波の天村雲神社に式内社としては日本で唯一、その名前が残っています。八尺瓊勾玉も、天照大御神の岩戸隠れの際に、のちに玉造連《たまつくりのむらじ》の祖神となる玉祖命《たまのおやのみこと》が作り、八咫鏡とともに「忌部《いんべ》」の祖神である太玉命《ふとだまのみこと》が捧げ持つ榊《さかき》の木に掛けられました。

忌部とは古代朝廷における祭祀を担った氏族です。八尺瓊勾玉はのちに天孫降臨に際して瓊瓊杵尊《ににぎのみこと》に授けられたとされています。

また八咫鏡は、平安時代に起きた三度の火災で原形を失くし、草薙剣は源平の戦いで安徳天皇とともに壇ノ浦の海中に没したといわれています。しかし、三種の神器については、第2章で触れた、神社を別け祀ったり、「勧請」や「別」と同じ意味合いで、実物と同じ神霊が宿るレプリカの形代《かたしろ》があり、それが現在は用いられているともされています。

即位の礼は新天皇が皇位を継承したことを、世に知らしめる儀式ですが、新天皇が天皇に即位された後、最初に行われる祭りごとが「大嘗祭《だいじょうさい》」です。

これは、皇祖神であらせられる天照大御神に、天皇の御代替わりを報告し、天照大御神から続く皇統を受け継ぐ、新たな天皇にとっては生涯一度の、一番大きな神事です。日本書紀によると第40代天武天皇のとき（673～686）から大嘗祭は行われていたとされていますが、真偽のほどはわかっていませんでした。

しかし2024年に、奈良市の平城京跡から、第45代聖武天皇の大嘗祭で使われたことを示す、「大嘗」の文字が記された木簡が初めて見つかりました。そのことで、現在では第40代天武天皇から大嘗祭が行われたというのは事実であったと解釈されています。

大嘗祭は、天皇陛下が毎年11月に国と国民の安寧《あんねい》や五穀豊穣を祈って行う、一年で最も重要な宮中祭祀の新嘗祭《にいなめさい》を、即位後初めて大規模に行うものです。皇位継承に伴う一世に一度の大変重要な儀式とされています。

大嘗祭はそのために特別に造られた、悠紀殿《ゆきでん》・主基殿《すきでん》の二つの宮で、同じ神事が2度繰り返し行われます。

大嘗祭の行われる当日夜の7時過ぎ、内陣と呼ばれる8メートル四方の部屋で、菜種油で灯したわずかな明かりの中で儀式が行われます。

この部屋の中で天皇の祭祀を手伝うのは二人の女官のみで、天皇は御饌《みけ》と呼ばれる食材を女官から受け取り、神々に供えます。古来からこの大嘗祭に使われるお米は、産地の特定はされておらず、ウミガメの甲羅を焼いて占う亀卜《きぼく》で収穫する国を選びます。

令和の大嘗祭では、令和元年(2019)5月13日に占い、栃木県と京都府の米に決まりました。米以外の器や食材は、「由加物《ゆかもの》」と呼ばれ、紀伊国(現在の和歌山県全域と三重県南部)・淡路国(兵庫県淡路島・沼島)・阿波国の、この三国から運ばれることが延喜式に書かれており、そのように決まっていました。

またこの三国にしても、その国のどの地域で採取するかまでも細かく規定されています。言い換えれば、大嘗祭ではこの三国の決められた地域以外の物を、神々が口にすることはないということにもなります。

阿波の食材が運ばれたのは天皇の祖の土地だったからか

「延喜式由加物の条」には、「太政官に申告して、卜部《うらべ》3人をそれぞれ紀伊国・淡路国・阿波国に派遣すること。各国に到着後、大祓をして行事すること。祓料は本条規定の通りであり、紀伊国は海部郡（北西海側）、淡路国は三原郡（南西海側）、阿波国は麻植郡（中部山側）と那珂郡（中部海側）が用意すること。また供神の幣物や由加物造備のための道具、そして海女の衣料などは、国庫から用意すること」とあります。「これらの造備完了の後、それぞれ卜部は品々を斎場に送り届け、斎国（それぞれの国）に分かち授けること。（ただし、阿波国の献上した「麁布」と木綿は、神祇官に付す）」とあります（図24）。

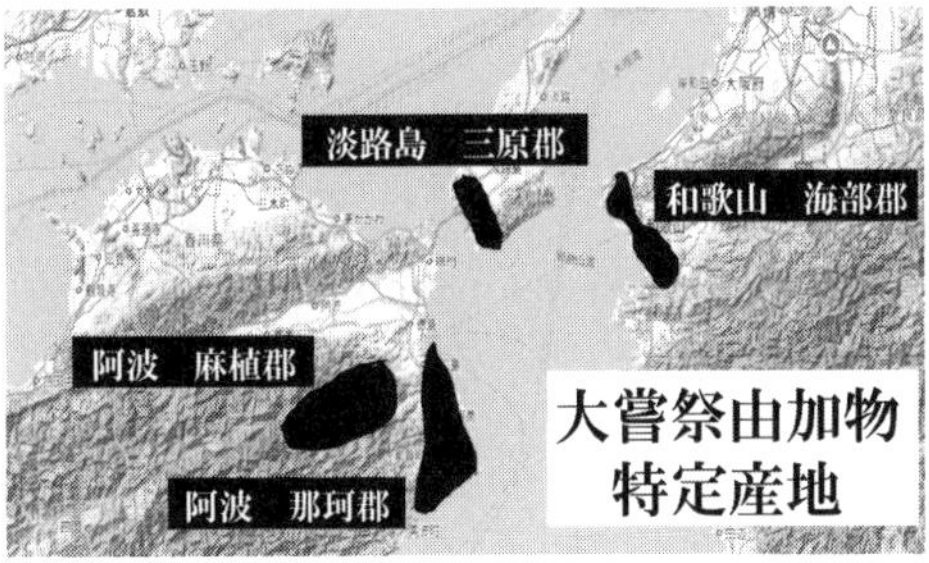

図24

淡路国からの由加物は食材ではなく土器のみで、紀伊国からは若干の海産物、そしてその他の山と海の食材のほとんどは、阿波国からとなっています。

また「延喜式由加物の条」に、「紀伊国・淡路国・阿波国の3か国の造由加物使が京に向かう日、路次の国々は道路を清掃して祗承すること」とあり、由加物が都に向かう道中のそれぞれの国は、道路をきれいに清掃しておかなければならないとされています。

このしきたりは、延喜式の書かれた927年から、いくたびの中断はありましたが、大正時代まで続いていました。しかし1000年以上の永きにわたって、都が奈良や京都に置かれた時代に、なぜ海を隔てた阿波国から食材を運んでいたのでしょうか。

奈良や京都は海のない都なので、海産物を運ばせるならまだ理解できます。しかし、紀伊半島や丹波や丹後など、都に近い恵まれた山間部があるにもかかわらず、山の幸を、海を隔てた遠い阿波の山間部から、わざわざ船を使い運ばせています。

これは、阿波国の食材でなければならない理由があったということ以外考えられません。やはり、天皇の祖であり、神々の故郷が阿波の山間部にあり、その神々が口にする供え物は、神々の故郷の食材でないといけなかったからではないでしょうか。

麁服は阿波国の忌部氏によって調進されなければならない

この「延喜式由加物の条」に、「ただし、阿波国の献上した麁布と木綿は、神祇官に付す」と書かれています。この麁布《あらたえ》（麁服）とは、大嘗祭において、最も神聖で最も重要なものの一つと考えられます。

麁服の神事は、室町時代前半の南北朝の動乱でいったんは途絶えますが、大正天皇の儀式で約58
0年ぶりに復活しました。大嘗祭では、悠紀殿・主基殿のそれぞれに、神が着る衣服として麁服、繒《にぎ》服《たえ》と呼ばれる神聖な二種類の布が祀られます。

阿波国からは麻で織られた麁服が調進（整えて納め届けること）され、三河国（愛知県）からは絹糸で織られた繒服が調進されます。繒服は、「犬頭白糸」と「赤引糸」の二種類の上質絹糸で作られたという記録が延喜式に残されています。

三河国には古くから養蚕の神として信仰されている、犬頭《けんとう》神社があります。ここの御祭神は「保《うけ》食神《もちのかみ》」です。

保食神は日本書紀に登場する神様で、日本全国に多くある稲荷神社の主祭神でもあります。保食神は、体の穴から食物を取り出す、五穀豊穣の食物神として日本書紀に登場します。一方、古事記では、体の穴から食物を取り出す食物神は、大宜津比売《おおげつひめ》神とされます。つまり、保食神と大宜津比売神は、同一神と考えられます。

大宜津比売神は、国生み神話でも触れましたが、阿波国の神様であり、阿波国の別称とされています。また大宜津比売神は、食物神として、稲、粟、麦、小豆、大豆の五穀を生み出した五穀豊穣の神として有名です。

大宜津比売神は、実はこの五穀とは別に、蚕《かいこ》（絹）も生み出しています。つまり阿波国の**大宜津比売神は五穀の食物神であり、また養蚕の神でもある**のです。

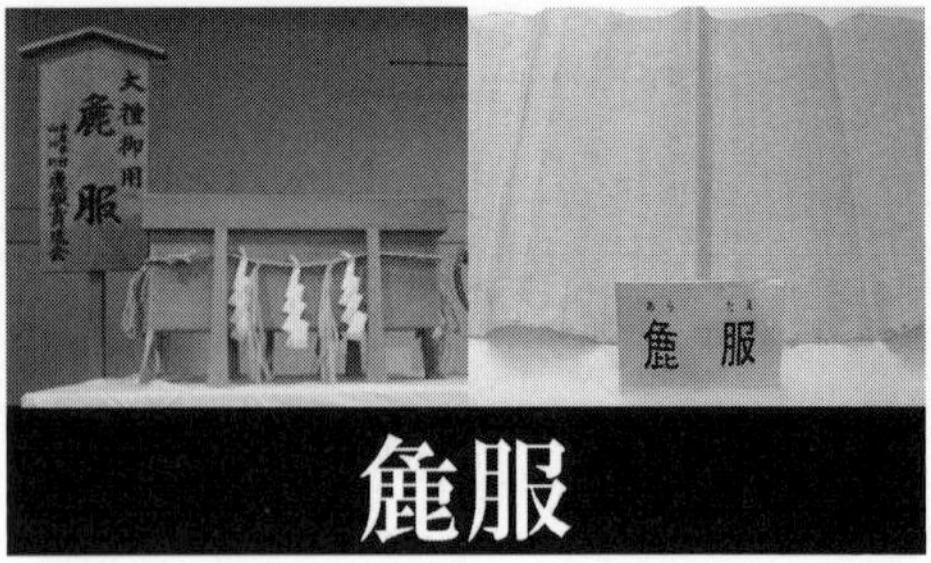

図25

大宜津比売神が養蚕の神でもあり、絹糸の原料は蚕の作る繭《まゆ》であることから考えても、三河の絹糸で織られた繪服も、もともとは阿波と何らかの関係があるのではないかと思われます（余談になりますが、食物の神として大宜津比売神［阿波国の神］と保食神［稲荷神社の神］と伊勢神宮外宮の豊受大神の三柱の神は、一説では同一神といわれています）。

延喜式によると絹糸で織られた繪服は、誰がどこでそれを織るかとか、誰が調進するかとかということは、特に定められてはおらず、絹糸の質のよいことが重要視されて決められていたようです。古来から三河の絹糸の品質は優れており、その優れた品質で、三河から調進されていたことがわかります。しかし一方の麁服は、阿波国の忌部氏によって調進されなければならないと延喜式によって厳密に定められているのです。

この麁服は、祖神である天照大御神が憑依される麻の反物で、麁服がなければ天皇は、天照大御神から続く神統の引き継ぎができていないとみなされます。麁服による神統の引き継ぎができなければ「半帝」と呼ばれるくらい、麁服とは皇室でも重要な物なのです（図25）。

太古から天照大御神は阿波にいらっしゃる

麁服は、動乱などで中断はあったものの、千年以上に渡って阿波忌部のご当主で「御殿人《みあらかんど》」とされる三木家が、阿波の剣山の麓にある木屋平《こやだいら》という山深い山村にある阿波忌部の決められた畑で作っています。そして、代々に渡って大嘗祭の度にそこで作られた麁服を天皇陛下に届けています。麁服は太古の昔から、阿波のこの場所で作られたものでしか、天皇のもとに送れないのです（図26）。

源平の戦いで、四国が戦火にまみれたときでも、戦火をくぐり抜けながら、阿波からの「麁服調進の神事」は行われています。つまり、**阿波忌部のご当主である三木家が、阿波の忌部の畑で作り、三木家でお祀りをした麁服でないと天照大御神が憑依されない、**ということになるのです。

言い換えれば、太古の昔から**天照大御神は阿波のこの地に存在しているる**ということにほかならないのではないでしょうか。また天照大御神が阿波のこの地から天皇のもとに行かれるということは、**神々が住む高天原もこの地に在る**ということになるのではないか。

図26　阿波忌部・三木家から今上天皇のもとに運ばれる麁服

そう考えれば、神々の故郷の食材なので、御饌の由加物のほとんどが、阿波国から運ばれることの意味にも合点がいくのです。

しかし、この麁服の儀式は古来から続いているにもかかわらず、世間にはあまり知られていません。ほとんどの人は教科書にも載っている三種の神器は知っていても、天照大御神が憑依される「神の依り代である麁服」のことは知らされていないのです。

つい最近の令和の大嘗祭のときでも、テレビ等の報道番組では、ほとんど麁服のことは触れられていませんでした。ですので、麁服という言葉を知らない人が多いのです。

八咫鏡の一つは三木家の宝物になっている？

私事ですが、2023年に御殿人・三木ご当主と、お話をさせていただく機会がありました。そのときにいろいろお話を聞かせていただいたのですが、そのお話の中にとても興味深い内容がありました。

ご当主がおっしゃるには、三木家には古来から伝わる宝物《ほうもつ》があるそうです。少し前、ご当主が三木家で行われた講話会で話しておられましたので、ここに書いても大丈夫だと思います。その宝物とは、「金の玉」なのだそうです。

「金の玉」について、いろいろ調べたところ、すごいことを発見しました。この章のはじめに、「八咫鏡は平安時代に三度の火災にあった」と書きましたが、伝承によりますと、八咫鏡は三度の火災にあいました。

一度目は天徳4年（960年）、二度目は寛弘2年（1005年）で、この二度の火災では、かろうじて八咫鏡は無事だったようです。しかし三度目の長久元年（1040年）の火災では、激しく焼けたために原形がなくなってしまうほどだったそうです。

一説では、伊勢神宮に祀られている八咫鏡はこのときのもので、原形をとどめていないともいわれています（そのために歴代天皇も八咫鏡を見られないのかもしれません）。

そしてなんと、その長久元年の火災時の八咫鏡の状況が、当時の参議・藤原資房《すけふさ》の日記である『春記』に書かれているのです。そこにはこうあります。

〈長久元年九月九日辛酉、皇居上東門院焼亡、（中略）神鏡在灰燼中焼損、（中略）如金玉之物求得二粒〉（長久元年（1040）9月9日。皇居の京極土御門殿《きょうごくつちみかどどの》が焼亡（中略）神鏡が焼損した。（中略）神鏡焼け損じ、焼け跡から金玉の如きもの二粒を得たのみであった）（参議・藤原資房『春記』、現代語訳は筆者による）

つまりこの火事で八咫鏡の形が崩れ、二つの金の玉のようになってしまったと書かれているのです。

天孫降臨で天照大御神は孫である瓊瓊杵尊《ににぎのみこと》に、「八咫鏡を私だと思って祀りなさい」と伝えています。ところが焼け落ちた天照大御神の八咫鏡は「金の玉」となり、一つは伊勢神宮に、そしてもう一つは三木家の宝物になった。そこで大嘗祭の度に、三木家の金の玉から麁服に遷され、天皇のもとに持っていかれるのではないでしょうか。

そう考えれば、なぜ阿波の山奥にある忌部の三木家から、麁服が歴代天皇に調進されるかの意味が理解できます。やはり阿波の三木家がある木屋平辺りが、天照大御神や神々の故郷である高天原ということになるのではないでしょうか。

第4章　古代遺跡から見えてくる阿波の古代史

古代の淡路島は島全体が先進地域だった

皆さんは「阿波の古代遺跡」と聞いて、どういう印象を持つでしょうか。阿波の歴史を調べる前の私は、「阿波の古代遺跡？　聞いたことがないし、大したことはないだろう」というのが正直な印象でした。

おそらくそういう印象をお持ちの人も多いと思いますが、この章を読まれた後ではその考えが大きく変わるのは確実です。なぜなら阿波の古代遺跡については多くの人が知らないからです。

阿波の古代遺跡を紹介する前に、お隣の淡路島の遺跡の紹介から始めましょう。第1章（17ページ）にも書きましたが、淡路島は古代には「粟路」と記されたこともあり、この植物の粟の字は、その時代には阿波を指していました。

また明治維新で阿波から切り離されるまでは、淡路島は阿波徳島藩の領土でもありました。そして淡路島の地名の由来は「阿波へ通じる島」（アワへの路である島）とされることなどから考えても、古代の淡路島はまぎれもなく阿波の一部だったと考えられます。

まず淡路島北部にある、舟木遺跡（淡路市舟木）についてです。淡路島の北部の山間部に、なんと東京ドーム9個分（40ヘクタール）もある、広大な舟木遺跡（国史跡）があるのです。

２０１６年、ここで発掘された青銅器片を再分析した結果、島内では初の青銅製の中国鏡の一部であることがわかったと淡路市教育委員会が発表しました。このことから、舟木遺跡は淡路島山間地集落の中心的役割を担っていた場所である可能性があるとされています。

青銅器片は鉛の成分分析から後漢時代の1世紀中頃から後半にかけて中国華南地域で作られた可能性が高く、同時に出土した土器の年代などから、生産されてから比較的早い時期に淡路島に運ばれたとみられています。もう一か所、こちらも国史跡に指定されている島中央部の五斗長垣内《ごっさかいと》遺跡（淡路市黒谷）も紹介しましょう。

こちらは、弥生時代後期（およそ１８００～１９００年前）における、我が国最大規模の鉄器生産集落の遺跡です。弥生時代の鉄器の出土数が圧倒的に多い九州に、我が国最大規模の鉄器生産集落があると思いがちですが、**弥生時代の最大規模の鉄器生産集落は、なんと淡路島にある**のです。

前出の舟木遺跡と五斗長垣内遺跡は、弥生時代後期の1世紀の前半頃に、突然山の上に現れます。そして、これは魏志倭人伝の、「倭国大乱」の時期と一致する時代にもなります。

「倭国大乱」とは、魏志倭人伝等いろいろな中国正史に記述された、女王・卑弥呼を擁立することに至った、古代日本の内乱のことです。魏志倭人伝には、その国（邪馬台国または倭国）は、もともと男子を王として70～80年を経ていたが、倭国王の座を争い内乱が起こったと記されています。

そして、この五斗長垣内遺跡の鉄器づくりの最盛期は2世紀後半（卑弥呼が魏志倭人伝に記される50年ほど前の時代）なのです。ここから出土した鉄器には矢ジリが多く、**倭国大乱の武器として使用された可能性がある**のです。

五斗長垣内遺跡では建物跡が全部で23棟も発見され、うち12棟が鍛冶工房であったこともわかっています。

五斗長垣内遺跡では、卑弥呼の時代の3世紀には鉄器生産が終わっていたようです。しかし北部の舟木遺跡では、五斗長垣内遺跡での鉄器生産終了後も、規模は少し縮小しながらも鉄器生産が続いていたようです。

両方の鉄器生産集落が消滅した理由はわかりませんが、邪馬台国の時代になると急速に姿を消すことから、倭国大乱や邪馬台国の建国が影響したのかもしれません。

また、島最南端の南あわじ市で２０１５年に、「国宝級の資料」と注目される松帆《まつほ》銅鐸が発見されました。兵庫県は都道府県別では銅鐸の出土数が全国で一番多い県で、松帆銅鐸を含め68個も出土しており、そのうち淡路島からは約3分の1にあたる21個も見つかっています。

南あわじ市から鳴門海峡を渡ってすぐの阿波（徳島県）は、兵庫、島根に次ぐ銅鐸出土数を誇っています。その中でもこの後で紹介する、徳島市の矢野遺跡から出土した、木製容器に納めて埋められたとされる、非常に珍しい大型銅鐸の矢野銅鐸は、１９９５年に国の重要文化財にも指定されています。

仮に阿波と淡路島を同じ文化圏と考えた場合、阿波近隣が銅鐸に関してはトップレベルの出土数ということになります。この近畿式銅鐸は、出土数の多さにおいても阿波や淡路島を中心に、畿内や滋賀県にまで分布することから、阿波近隣が発祥地なのかもしれません。

松帆銅鐸は、南あわじ市で、7個まとまって発見されていますが、古い時期の銅鐸が一度に大量に埋められたこと自体も特に珍しいことです。発見された7個の銅鐸のうち1個は、全国でも11例しかない、最古段階（紀元前2〜3世紀）の菱環鈕式《りょうかんちゅうしき》銅鐸です。他の6個も、次に古い外縁付鈕式《がいえんつきちゅうしき》という形の銅鐸でした。

また、南あわじ市で発見された銅鐸には、銅鐸の吊り手や4本の舌《ぜつ》に、吊り下げるための紐《ひも》の跡が残っています。この紐が確認できたのは全国で初めてです。

淡路島では、このような古い段階の銅鐸ばかりが発見されており、松帆銅鐸に付着していた植物の放射性炭素年代測定分析の結果、約２１００〜２３００年前に埋められたことがわかっています。

特に注目されるのは、この淡路島の松帆銅鐸と、島根県の加茂岩倉銅鐸や荒神谷銅鐸が、同じ鋳型で作られた〝兄弟銅鐸〟だったということです。なぜそうなのかは、今のところまだ解明はされていません。

いずれにしても、島北部に東京ドーム9個分の舟木遺跡があり、島中央部に我が国最大規模の鉄器生産集落であった五斗長垣内遺跡があり、そして島南部から最古級の松帆銅鐸が出土していることなどを見れば、**古代の淡路島は、島全体が先進地域だったことは間違いない**といえるでしょう。

水銀朱の採掘跡の痕跡があるのは若杉山遺跡だけ

さて、では次に阿波の遺跡の話に移りましょう。

阿波の南、阿南市の山間部に若杉山遺跡（水井町）があります。邪馬台国や古代史に興味のある人は若杉山遺跡の名前を一度は聞いたことがあるのではないでしょうか。それほど、この遺跡はあることで大変有名な遺跡です。

古墳時代には〝施朱《せしゅ》〟という風習がありました。施朱は埋葬儀礼として赤色顔料の水銀朱（辰砂《しんしゃ》・丹）やベンガラ（土から取れる酸化鉄）を遺体に塗ったり、古墳内を赤く染めたりしたのです。赤い色は呪術的に神聖視され「魔よけ」や「死者の復活」を願うという意味がありました。

ベンガラは酸化鉄ですので〝施朱〟として赤色の顔料という意味合いだけでした。一方、水銀朱（辰砂）はその水銀による強力な防腐効果により、腐敗を驚くほど防ぎます。ですので日本でも縄文時代から水銀朱が用いられ、中国では秦の始皇帝の墓に水銀の川まで作られていたとの話もあります。

そんな水銀朱（辰砂）は世界中で重宝され、古代には大変貴重なものでした。一説には金よりも価値があったといわれています。縄文から弥生時代において、その**「水銀朱の計画的な採掘跡の痕跡」が認められているのが、日本で唯一この若杉山遺跡**なのです。

日本中にある丹の字がつく地名（丹川《たんかわ》、丹谷《たんだに》、丹沢等）は水銀朱が採取されたところとされていま

図27　若杉山水銀朱鉱山遺跡

す。それらは古墳時代よりも後の時代であったり、露出していたものを採取した跡であって、縄文から弥生時代に「水銀朱の計画的な採掘跡の痕跡」が認められるのは、ここ一か所、若杉山遺跡だけなのです（図27）。

阿波地域は水銀朱の先進地だった

次は、若杉山遺跡から少し北に位置する加茂宮ノ前遺跡（阿南市加茂町）です。加茂宮ノ前遺跡は、那賀川の中流域の南岸、加茂谷川が合流する付近の標高約26メートルの自然堤防上に立地しています。

加茂宮ノ前遺跡では平成28年（2016）度の発掘調査により、紀元前1世紀から紀元後3世紀の、国内最古級の鉄器の生産を行った鍛冶炉が複数確認されています。ここでは縄文時代後期から弥生時代中期の集落において、国内最大規模の水銀朱を精製生産していたことがわかっています。

加茂宮ノ前遺跡では水銀朱を生産した石臼や石杵が300点以上、水銀朱の原料である辰砂原石が大量に出土しています。つまり、**水銀朱の関連遺物の出土量としては国内最多で、生産拠点としては**

国内最大かつ最古級であることも確認されているのです。生産した水銀朱を溜める土器などの関連遺物は1000点以上にものぼります。

一方、これまで縄文期の、国内最大の水銀朱生産の拠点とされていた三重県度会《わたらい》町の森添《もりぞえ》遺跡からは、わずか数十点の関連遺物しか出ていません。また森添遺跡などからは水銀朱付着物が発見されただけで、前述したように、縄文期の水銀朱採掘跡は若杉山遺跡以外からは発見されていません。

この加茂宮ノ前遺跡からは、縄文後期の竪穴住居跡のほか、石を円形状に並べた祭りや儀式用とみられる遺構300点以上が見つかっています。さらに畿内で縄文期から信仰された阿波の結晶片岩《へんがん》製の石棒が数多く出土しています。若杉山遺跡で採掘された水銀朱を、近くのこの加茂宮ノ前遺跡で継続的に精製・生産を行っていたことがうかがえます。

阿波地域は、縄文後期より弥生時代、そして邪馬台国の時代にかけて、日本における水銀朱の先進地であったことが理解できます。

魏志倭人伝と矛盾するので「古墳」の定義が変えられたか

吉野川の北岸に西山谷2号墳（鳴門市大麻町大谷）という直径約20メートル、墳丘の高さ約2メートルの円墳があります。西山谷2号墳は、古代天皇家の墳墓の特徴である結晶片岩（青石）を組み上げた前方後円墳なみの竪穴式石室の墳墓で、辰砂（水銀朱）などを使用しています。

造られたのは2世紀末～3世紀初頭とされ、最古の前方後円墳と言われる、奈良県纏向遺跡の箸墓《はしはか》古墳やホケノ山古墳よりも古く、古代大和朝廷型の墳墓としては国内最古級です。

また、この西山谷2号墳の近くに、西山谷2号墳よりもさらに古い萩原墳墓群（鳴門市大麻町萩原）が存在しています。その中でも萩原2号墓は、墳丘の径は約20メートルのほぼ円形で、南側に約5メートルの突出部が延びる形状を持ち、国内最古の積石墓とされています。

解明当時の新聞記事を見てみましょう。

〈萩原二号墓の築造年代が弥生後期から同終末期（二世紀末－三世紀初頭）とみられ、国内最古の石積み墳丘墓であると発表した。（中略）石囲い木槨のルーツとされる積み石木槨を持つ萩原一・二号墓は、築造年代だけでなく、構造からもホケノ山古墳の埋葬施設の原型だったことが確実となった〉

（2007年3月15日付の『徳島新聞』より）

とし、同記事の中で、石野博信・徳島文理大学教授（考古学）は、「二号墓は……ホケノ山古墳のルーツであることが裏付けられた。大和政権を支えた有力者に阿波出身者がいたことは確か」と述べています。

萩原2号墓は、円墳に約5メートルの突出部が延びる形状から、前方後円墳とほぼ同じ形態をしていますが、前方後円墳とは呼ばれず、「〇号墓」とされています。なぜ古墳と呼ばれないかといいますと、古墳には古墳の定義があるからです。

〈3世紀後半から約400年の間、土を高く盛り上げた墳丘を持つお墓（墳墓）が盛んに造られました。この時代に造られた墳丘を持つお墓を「古墳」といい、古墳は当時の階層の高い人によって造られました〉（「百舌鳥・古市古墳群世界遺産保存活用会議」のサイトより）と、されています。

この定義を見れば理解できますが、西山谷2号墳や萩原2号墓は、古墳の定義とされる3世紀後半以前に築造されているために古墳とは呼ばれないのです。しかし、西山谷2号墳に見られるように古代天皇家と同じ形態をしていますし、萩原2号墓を取り上げた新聞記事を見ても、奈良の箸墓古墳や最古と言われるホケノ山古墳の前段階の古墳であることは、ほぼ間違いありません。

なぜ、定義上では古墳の始まりが3世紀後半とされているか、わかりますでしょうか。

この後の章で話す古代中国の正史・魏志倭人伝には、日本の最初の国とされる邪馬台国や、女王・卑弥呼が登場します。ご存じのように邪馬台国や卑弥呼は、日本の書物や口伝には一切登場せず、日本の正史の歴史からは消された存在になっています。

その中国の正史、魏志倭人伝には卑弥呼の没年もちゃんと書かれていますが、その没年は西暦248年、3世紀中頃なのです。つまりヤマト王権の始まりである古墳の始まりを3世紀後半からに設定しないと、日本の正史に登場しない3世紀中頃の卑弥呼や邪馬台国と時代がかぶってしまいます。

そうすると、中国の正史にも書かれてある女王・卑弥呼と、天皇家の古墳との整合性が合わなくなるから、定義上の古墳の始まりが3世紀後半とされているのではないか。筆者はそう見ています。

天女と暮らした人は徳島県海部郡から島根出雲へと進出した

前方後円墳といえば、最近のニュースでは2024年、徳島県海部《かいふ》郡海陽町《かいようちょう》の自動車専用道の予定地から、3世紀中頃～4世紀の前方後円墳を含む、古墳5基が発見されました。県最南端の海部郡で前方後円墳が確認されたのは初めてで、徳島県は「前方後円墳の空白地域に発見された古墳であることから、国史跡の指定を検討すべき重要な遺跡」と判断しました。そしてそこが多良地区名であることから、多良《たら》古墳群と仮称することにしました（図28）。

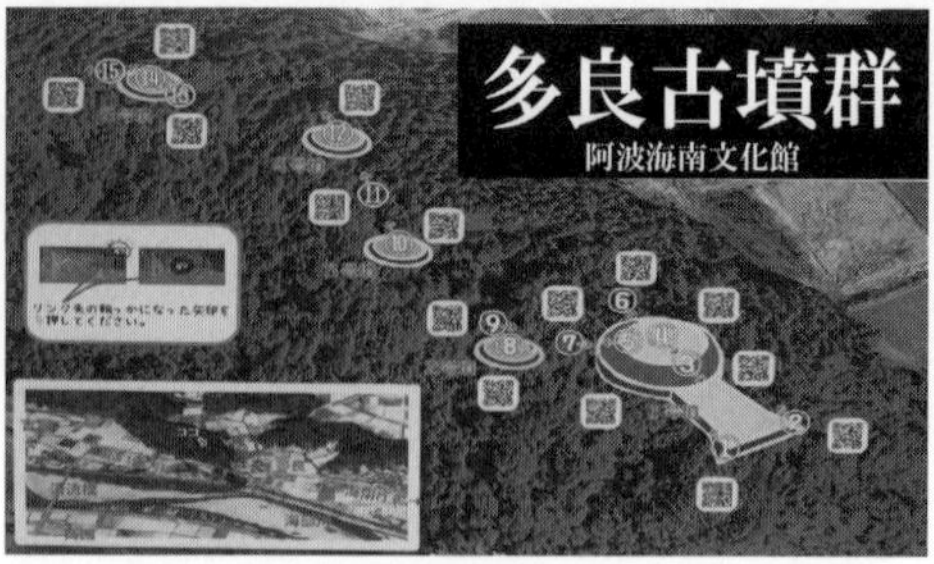

図28

この海部郡は、ヤマト王権があったとされる奈良から遠く離れ、また徳島県中央部からも離れています。しかしこの地には海部川という川と、那佐《なさ》湾という太平洋に面した湾があります。

日本神話の国譲り神話では、天照大御神は、孫の邇々芸命《ににぎのみこと》に豊葦《とよあし》原水穂国《はらのみずほのくに》を治めさせようと考え、建御雷神《たけみかずちのかみ》に命じて、出雲の国の伊《い》耶佐《なさ》の浜に降りると、この国を治めている大国主神《おおくにぬしのかみ》から国を譲ってもらいます。前の章で書きましたが、出雲や豊葦原水穂国が阿波であったのであれば、まさに**この那佐湾が伊耶佐の浜**ということになります。

また海部川の海部は、丹後元伊勢の籠神社の社家で、日本最古の家系図である海部系図（国宝）の残る、海部氏と深い関係があると考えられます。丹後には日本最古の「天女の羽衣伝説」があり、天女は伊勢神宮外宮に祀られる豊受大神と言い伝えられ、その豊受大神は、国生み神話で、阿波の別称とされる大宜都比売と同一の神様ともされています。

天女は「和奈佐《わなさ》の老夫婦」と暮らしましたが、この和奈佐の老夫婦の足取りをたどれば、丹後から島根出雲の和奈佐神社にまず行き着きます。この和奈佐神社の御祭神は阿波枳閇委奈佐比古命《あわきへわなさひこのみこと》といいます。阿波枳閇委奈佐比古命はその名前からもわかる通り、阿波の神様です。

そこからさらにたどれば、徳島県海部郡の式内社である和奈佐意富曽《わなさおほそ》神社に行き着きます。なぜ阿波枳閇委奈佐比古命が和奈佐意富曽神社と結びつくかというと、その神社の御由緒に「和名佐比古命は阿波から黒曜石を求めてこの地へ降り立った」と伝えられているからです。

つまり、天女（豊受大神）と暮らした人物（氏族）の「阿波のワナサヒコ」は、徳島県海部郡から島根出雲、そして丹後半島に進出した人物（氏族）であったと理解できます。

吉野川南岸の集落遺跡は邪馬台国の首都だったか

徳島市眉山《びざん》の北麓の徳島大学医学部付属病院などが建ち並ぶ地域に、庄・蔵本遺跡という弥生時代以降に作られた大きな複合遺跡があります。

ここは縄文時代後期から古墳時代まで連綿と続く、県下を代表する集落遺跡で、遺跡の規模は、東西1㎞、南北400メートルと推定されています。邪馬台国九州説で有名な環濠《かんごう》集落の吉野ヶ里遺跡の3分の2の面積を有する広大な複合遺跡です。

また吉野ヶ里遺跡と同じく、庄・蔵本遺跡にも、集落と集落外を隔てるために掘られた、防御や排水などの機能を持つ環濠が存在しています。庄・蔵本遺跡では弥生時代のものでは木製品や農工具や容器、それに祭祀のための出土物も多く発見されています。

庄・蔵本遺跡の弥生時代の遺構や遺物は、環濠や木製品以外にも膨大な量が出土しており、その内容も非常に豊富で、弥生時代のものとしては、国内でも最大級の貴重な集落遺跡と言えます。

さらに、庄・蔵本遺跡から約1㎞西へ進むと、鮎喰《あくい》遺跡（徳島市鮎喰町）があります。この遺跡は鮎喰川によって形成された扇状地の右岸に位置し、古い河道に挟まれた微高地上に集落が形成されています。

1984年の国道拡幅に伴う発掘調査で弥生時代後期後半～古墳時代前期初頭の遺構・遺物が出土しました。中でも弧帯文《こたいもん》（全面に帯状の弧を描く文様）が刻まれた土製模造鏡が特に注目されています。

1986年の発掘調査では、弥生時代前期の土坑や、後期後半の竪穴住居跡も発見されており、庄・蔵本遺跡と並んで、鮎喰遺跡が鮎喰川下流域の拠点的な集落であったと推定されています。

鮎喰遺跡からさらに南に1・5㎞進めば、名東《みょうどう》遺跡（徳島市名東町）があります。名東遺跡からは、水銀朱の精製跡と銅鐸が出土しています。

銅鐸が埋納された時期は、周辺の遺構の年代などから弥生時代中期末（約2000年前）頃と考えられます。また1992年には、弥生時代中期末頃の水銀朱の精製工房とみられる竪穴住居跡が発見されています。

この名東遺跡の西方に流れる鮎喰川を挟んだ対岸には、西日本最大級の集落遺跡の矢野遺跡があります。矢野遺跡は1992年から始まった徳島南環状道路建設に伴う発掘調査により、南北約2㎞、東西約1㎞の広大な範囲に拡がることが明らかとなった、縄文時代から中世にかけての巨大集落遺跡です。

矢野遺跡の弥生時代の遺構としては、現在までに、竪穴住居跡が100軒近く検出されています。5〜10軒が一つの群をなし、住居と住居は数メートルの間隔で存在していたこともわかりました。

大量の遺物の中で、特に注目されるのは矢野銅鐸で、この銅鐸は木製容器に納めて埋められたと考えられます。このような埋納状況が判明した銅鐸は非常に珍しく1995年に国の重要文化財に指定されています。

そのほか、鉄器を製作したと考えられる鍛冶《かじ》遺構も見つかっています。鉄器生産の先進地・北九州とほぼ同時期に、阿波でも鉄器生産を始めたと考えられているのです。ここの鍛冶遺構からは、壺に入った砂鉄も発見されています。

吉野川流域には他にも数々の古墳や遺跡が存在しています。徳島県にはおよそ1000基の古墳が

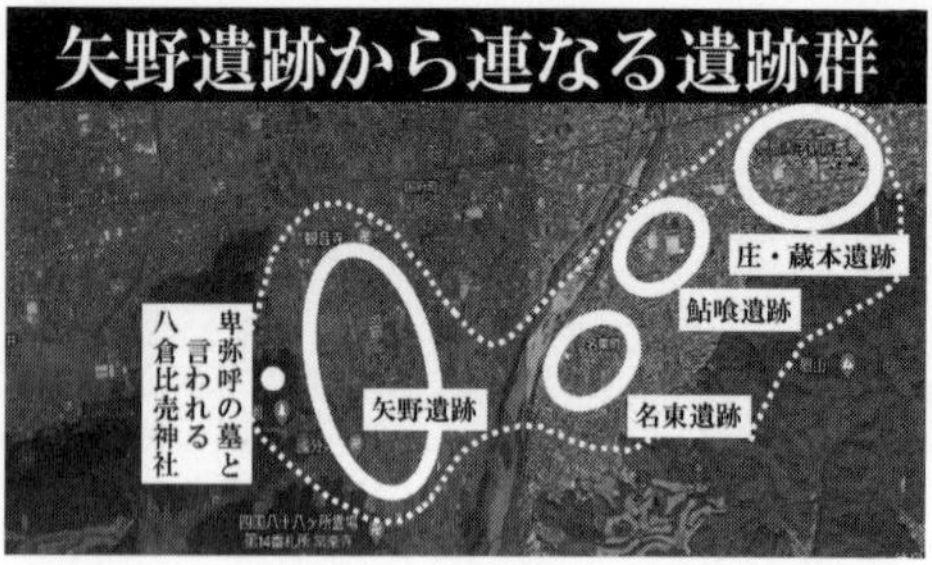

図29

あり、そのうちの約200基が、この矢野遺跡周辺に存在しています。その中の最大の古墳が第2章（71ページ）でお話しした、卑弥呼／天照大御神の古墳ではないかとされている八倉比賣神社の古墳です。

この矢野遺跡は南北約2km、東西約1kmの広範囲に拡がり、南北約1km、東西約0・6kmの吉野ヶ里遺跡の3倍以上の面積を誇っています。西日本では最大級です。

また、矢野遺跡から連続している、先に紹介した名東遺跡、鮎喰遺跡、庄・蔵本遺跡が、仮に一つの複合遺跡だったとしましょう。そうすると、日本最大と言われる奈良県の纏向遺跡や、鳥取県の妻木晩田《むぎばんだ》遺跡のなんと3倍ほどの面積を誇る、日本最大のとんでもない超巨大遺跡になります。

纏向遺跡も妻木晩田遺跡も、点在している古墳や遺跡の集合体が一つの複合遺跡として扱われています。しかし、なぜ阿波のこの遺跡群は、隣接する同じ弥生時代の遺跡なのに、一つの集合体の複合遺跡として数えてもらえないのでしょうか。

矢野遺跡に存在する卑弥呼の墓とされる古墳と、それを取り巻く200基の古墳群。そしてそのすそ野に広がる広大な弥生時代の環濠を持つ超巨大集落遺跡は、私には邪馬台国の首都だったとしか思えないのです（図29）。

第5章　卑弥呼と天照大御神をめぐるタブーを明かす

卑弥呼と天照大御神は同一人物だった可能性が高い

ここではいよいよ、古代日本史最大の謎と言われる卑弥呼について考察していきます。

第1章で、「春秋2倍暦」が21代雄略天皇まで用いられたと書きましたが、もしそうであるのならば、紀元前660年に即位された神武天皇の即位年も大幅に変わってきます。それらを加味して計算すると、神武天皇の即位年は900年近く過去にさかのぼりすぎていたことになります。

第1章でも書きましたが、紀元前660年に即位したとされる神武天皇は、実際は西暦300年前後に即位したということになります。そして記紀によりますと、神武天皇は天照大御神の5代孫にあたります。

古代は今よりも寿命が短く、出産年齢も十代後半が当たり前の時代です。1世代を平均20歳（20歳で出産）と考えた場合、計算すると5代×20年＝100年となります。

つまり神武天皇の5代前の祖先となる天照大御神は、神武天皇の5代前なので、神武天皇が即位したと考えられる西暦300年―（5代×20年＝100年）で、西暦200年ぐらいの時代の人物となるのです。

一方卑弥呼は、中国正史の魏志倭人伝には248年に亡くなったと、年代も正確に書かれています。寿命が50年ほどだと考えれば、卑弥呼が生まれたのも西暦200年ぐらいということになります。

つまり卑弥呼と天照大御神は、西暦200年ぐらいの同じ時代の日本という国の中で、同じ年頃で、同じ最高位で、同じ女性であるという共通点から見て、同一人物の可能性が高いということになるのです。そうなると、第2章の八倉比賣神社の、「八倉比賣は天照大御神の別称とされ、また天照大神は大日貴尊《おおひるめのむち》とも呼ばれ、日の巫女であることから、この地域の伝承では八倉比賣は卑弥呼ともいわれています」という口伝にも符合してきます。

また卑弥呼と天照大神が同一人物だったとすると、出雲大社宮司家で国学者だった千家俊信《せんげとしざね》が1831年に著した『阿波国杉之小山之記』に記された、卑弥呼の「親魏倭王」の金印と思われる物が八倉比賣神社に埋まっているという話の信憑性が、俄然高くなってきます。天照大御神の別称とされる神を祀る神社の下に卑弥呼の金印が埋められていても不思議ではないからです。

卑弥呼と天照大御神が同一人物だと認めるのはタブー

しかし、これほど「卑弥呼・天照大御神同一説」に説得力のある材料がそろっているのに、なぜそれが広まっていないのでしょうか。実は、明治時代の東京帝国大学（現在の東京大学）を代表する歴史家の白鳥庫吉《しらとりくらきち》（１８６５〜１９４２）や、同じく東京大学の和辻哲郎《わつじてつろう》（１８８９〜１９６０）などの著名な学者たちも、「卑弥呼・天照大御神同一説」を唱えていました。しかし皇祖神である天照大御神と、邪馬台国の女王・卑弥呼を同一と考えることに対しては、記紀編纂時からの、あるタブーが存在しているのです。

魏志倭人伝にはこういうことが書かれています。

現代語訳〈倭人は、帯方郡の東南の大海に在る。山がちの島に国をつくっている。以前は、百余の小国に分かれており、漢の時代に「朝貢」する者があったが、今は魏に使節を送ってくる国は30国である〉（筆者訳）

ここで書かれている「朝貢」とは、中国皇帝に対して周辺諸国の君主（王）が貢物《みつぎもの》を献上し、中国皇帝側は、その恩恵として返礼品を持たせて帰国させるという慣例のことで、国家間の外交上の上下関係が明確にありました。また朝貢は、外交秩序を築く儀礼的な外交だけにとどまらず、東アジアで産業が最も発達した中国の商品を入手するための朝貢貿易という性格を帯びるという面もあります。

しかし、あくまでも朝貢は、貢物を中国皇帝に献上し、中国皇帝からその存在を認めてもらうことが目的なのです。邪馬台国の女王・卑弥呼は、その朝貢を魏の皇帝に行っていたことが中国の正史には明確に書かれています。その事実は間違いのないことだと古代から認識されています。

もし、卑弥呼が天照大御神と同じ人物だったのであれば、我が国の皇祖神で天皇陛下の始祖である**天照大御神が、中国皇帝に貢物を献上し、その存在を中国皇帝に認めてもらっていたことになります。**そんなことは、記紀編纂時の太古の昔から認められるはずは絶対にありません。

もし認めてしまえば、神から続くとされる天皇家の皇統の信憑性が完全崩壊してしまいます。ですので、日本の正史である日本書紀等には、邪馬台国の女王・卑弥呼は、まるで別世界の住人のごとく無視され、数々の中国正史に明確に書かれてある、女王・卑弥呼や邪馬台国を日本の正史には一切登場させないのです。

そのわかりやすい例は他にもあります。中国南朝の正史とされる歴史書『宋書』に、倭国の5人の王（421年～500年ぐらい）のことが詳細に書かれています。しかし日本の正史とされる文献には、倭の五王の話は、どこにも一切出てきません。なので中国の正史に詳細に書かれている倭の五王が、いったいどの天皇に当たるかさえも、いまだにわからないのです。

ここまで読んできた皆さんなら、なぜだかわかりますよね。倭の五王（天皇）も中国の皇帝に朝貢していた事実が認められるために、日本の歴史からは消されているのです。

私は、ここまでの考察から鑑みても、**女王・卑弥呼が天照大御神であって、邪馬台国の中心地（首都）が、前記した八倉比賣神社や、西日本最大級の矢野遺跡、大御和神社等が集中している、徳島市の国府町だ**と考えています。

しかし、もし中国に朝貢をしていた卑弥呼が、仮に天照大御神であったとしても、私も含め今の日本人は、太古の昔から我々の安寧を祈っていただいている陛下や皇統に対する敬愛の念は、微塵も変わらないと思います。ですので、ぜひ本当の真実を知りたいものです。

それにしても、卑弥呼が天照大御神だとした場合、卑弥呼（天照大御神）とはどのような人物だったのでしょうか。ここからの卑弥呼（天照大御神）の考察は、歯学博士で阿波古代史研究家の宮本雅司先生の考察も交えて書かせていただきます。

鬼道とは阿波産の水銀朱を使った葬祭儀礼だったか

古代の中国では、人が亡くなると精神と肉体が分離し、精神は別の世界に行き、鬼《き》になると考えられていました。さらに、生と死は、昼と夜のように繰り返し、再生し循環するものとされていました。そのために、死後の世界から再生するには、肉体が完全な形でないと生まれ変われないものとも考えられていました。

つまり古代の中国では、遺体が損傷したり、腐食することは大問題だったということです。また、人を病気にさせたり、肉体を食らい腐食させる「悪気」のことを、古代中国では、魍魎《もうりょう》とも呼びました。魍魎は、土の中に住むと信じられていました。

古代の中国は、殷《いん》（紀元前1600年頃〜紀元前1046年頃の中国最古の王朝）の時代から、水銀朱の持つ強力な防腐効果を知っており、その強力な防腐効果で魍魎から死後の肉体を守っていました。そのため、棺の底に水銀朱を敷き、その上に寝かせた遺体にも水銀朱を施したりしています。

日本でも、弥生時代終末期の大型首長墓のほとんどの墓の中に、その水銀朱を施す風習が見て取れます。これも中国と同じで、埋葬者の肉体を魍魎から守り、肉体を腐食させないためです。

古代中国では、人が亡くなると精神と肉体が分離し精神は別の世界に行き鬼《き》になると考えられていたと、先ほど書きました。つまり、卑弥呼の時代、阿波でしか採掘跡が認められていない水銀朱を使い、悪気や魍魎を追い払う儀式こそが、魏志倭人伝に書かれている「鬼道《きどう》」というものだったのではないかと考えられます。

魏志倭人伝には「卑弥呼は鬼道を操る」と書かれています。「鬼の道」という字を見てもわかりますが、鬼道とは、その時代では阿波でしか採掘できなかった水銀朱を使う、一連の葬祭儀礼のことだったのではないか。そして卑弥呼とは、それら葬祭儀礼の頂点の地位に立っていた祭祀王の官職名だったと考えられます。

その時代、生まれ変わるために腐食しない肉体を作ることは、各国の首長にとっては、自分の死後からの復活を約束させる、何よりも重要な事柄だったに違いありません。

世界各国を見ても、エジプトのピラミッドや、前にも話した秦の始皇帝の水銀の川や兵馬俑《へいばよう》など、王や首長の死後からの復活とは、その国や土地でトップに君臨した者の、人生の最期に行う生涯で一番大切な大イベントだったのでしょう。もし、そうであるならば、日本の各国を治めていた各首長も、最も大事な自分の生まれ変わりの儀式に絶対に必要な水銀朱を管理していたでしょうし、葬祭儀礼の全権を司っている阿波の祭祀王には逆らえなかったのではないでしょうか。

賀志波比賣は歴代の方相氏の巫女の官職名だったか

前にも書いたように、この時代の水銀朱採掘の痕跡は日本で唯一、阿波の若杉山採掘遺跡（徳島県阿南市）から、同じく阿南市の津乃峰山洞窟遺跡にかけて点在しています。

この津乃峰山の山頂付近の北東斜面には、複数の弥生時代の洞窟があり、おびただしい数の石器が発見されています。またその痕跡から、この洞窟では、何らかの祭祀が行われていたと考えられています。

そして津乃峰山洞窟遺跡の真上には、式内社の津峰《つのみね》神社があります。この式内社の津峰神社に祀られているご祭神は、賀志波比賣《かしわひめ》大神です。興味深いのはこの賀志波比賣大神を奉っているのは、式内社も含めて、日本全国の神社の中で、阿波のここ一社だけだということです。

この津峰神社は、724年以前には現在の場所より北東方位の柏野に祀られていました。その比定（比較して定め推定すること）地には現在、賀志波比賣神社が祀られています。

第1章（35ページ）でも触れましたが、この賀志波比賣（賀志波姫）は天照大御神の若い時代の名前だといわれています。またこの賀志波比賣の「カシワ」とは、柏餅などで用いる柏の木の意味では

吉田神社での追儺
『都年中行事画帖』（1928年）

図30

なく、本来はヒノキに似た常緑樹のコノテカシワという木のことだとされています。

　このコノテカシワは、中国産の樹木で、古代中国ではコノテカシワは、死体を食らう魍魎から肉体を守る樹木とされていました。コノテカシワは墓地に植えられたり、棺に使われたりしていました。

　さらに古代中国では、太古の昔、殷の時代から、同じく魍魎から肉体を守るために、「方相氏《ほうそうし》」という官職が置かれていました。方相とは四辺に区画された結界のことで、王様の葬儀の先頭に立って東西南北の全方位の災厄を駆逐するための官職でした。

　今では災厄を駆逐する節分の祭りに、京都の平安神宮や吉田神社等の古社で方相氏を装った氏子が登場しますが、東西南北の全方位を見渡すために4つ目の顔で表されています（図30）。

　また、令和2年（2020）に福岡県史跡に指定された、弥生時代終末期の九州最大級の城野《じょうの》遺跡（北九州市小倉）

令和2年に城野遺跡（北九州市小倉）で発見された方相氏と思われる絵画文様

図31

で、方相氏と考えられる絵画文様も発見されています。原始絵画研究の第一人者である設楽博己東京大学教授は、「城野遺跡の絵画の人物は、方相氏であることは間違いないであろう」と語っておられます（図31）。

　発見された方相氏と思われる絵画が描かれたのは、ちょうど卑弥呼の時代にあたります。この絵画が卑弥呼を描いたものかどうかはわかりませんが、「カシワ」を冠する賀志波比賣は、阿波の水銀朱を使い、葬祭儀礼の頂点に立っていた歴代の方相氏の巫女の官職名だったのではないでしょうか。

　この時代、日本で唯一発掘されていたと考えられる、死からの再生に絶対に欠かせない水銀朱を司るこの官職は、他の国の首長も、水銀朱をもらうために誰もが逆らえない存在になっていたと考えられます。そして倭国大乱で世が乱れた時代に、世を治める祭祀王として選ばれ、のちに女王・卑弥呼となったのではないでしょうか。

　現在の天皇陛下も、諸外国の王様とはまったく異なり、祭祀王としての性格を持っておられることは間違いありません。これが祭祀王だった卑弥呼から続く、我が国の祭祀を司る皇統の原点なのかもしれません。

第6章　中国正史から邪馬台国の場所を読み解く

帯方郡は沙里院市と考えるのが妥当

それではいよいよ、中国正史に記された、邪馬台国までの行程（道順）や風土などの考察に移っていきます。魏志倭人伝などの中国の正史には、邪馬台国に至るまでの行程（道順）が書かれています。しかし文献によっては、若干の違いがあります。

ここでは最も有名な魏志倭人伝に書かれてある行程（道順）から、邪馬台国の位置を確かめてみようと思います。

魏志倭人伝に記載された行程（道順）は、スタート地点の帯方郡をはじめ、各国がどこにあったのかがいまだに確定できていません。江戸時代から九州説、畿内説の論戦が始まっており、300年も邪馬台国論争が続いています。300年を費やし、現代の科学をもってしても解決しないのを見て、「魏志倭人伝の記載自体にミスがあるのではないか」と思われる方もいると思います。

しかし魏志倭人伝を編纂した陳寿《ちんじゅ》は、昔から優秀な人物だとして大変評価されています。それに魏志倭人伝に注釈をつけた裴松之《はいしょうし》も聡明で有名だった人物でした。その裴松之は、魏志倭人伝には行程以外には、たったの2か所しか注釈を入れていません。

つまり、魏志倭人伝は、優秀な陳寿が編纂し、聡明な裴松之が注釈をつけた歴史の正史書なので、それに記された邪馬台国までの行程は、手直しがまったく必要なかったほど正確で、信頼の置ける記述だったと言えるわけなのです。ではなぜ、300年もの長きにわたって、まるで迷宮の中の謎かけのように、行程（道順）の謎が解けないのでしょうか。

それは、いろいろな説を唱える人たちが、自分がそうであろうと考えている邪馬台国から逆算して、倭人伝を読んでいるからなのです。たとえば畿内説の人は答えが奈良になるように、九州説の人は答えが北部九州になるように、角度や距離や日数を自分なりの解釈で曲解しているために矛盾が生じ、行程と邪馬台国の位置が合わなくなるのです。

これは畿内説も九州説もそもそも正しい答えではないので、300年経っても答えが出ないのだとしか思えません。では、行程を素直に読むと、邪馬台国の位置はどこになるのでしょうか。

これから説明する、私の考えた行程の解釈は、私の知る限り、他の人から聞いたことがありません。**私の解釈を知れば、陳寿が残した行程が、「迷宮の謎かけ」ではなく、どれだけ普通に書いていたかが、ご理解できる**と思います。

ではまず、魏志倭人伝の倭国についての記載から見てみましょう。第5章でも書きましたが、「倭人は、帯方郡の東南の大海に在る。山がちの島に国をつくっている。以前は、百余の小国に分かれており、漢の時代に朝貢する者があったが、今は魏に使節を送ってくる国は30国である」とあります。

図32

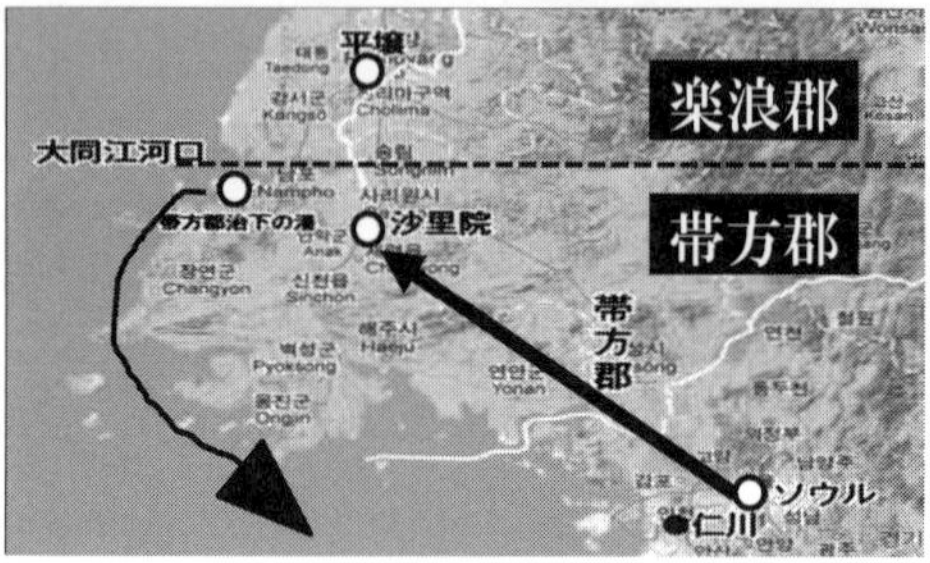

図33

何よりも先に、行程のスタート地点の帯方郡の場所を比定しなければなりません。帯方郡は朝鮮半島の西海岸中央部に置かれた古代中国の植民地で、その北部には、同じく楽浪郡という帯方郡よりも先に置かれた植民地もありました。

楽浪郡の位置は北朝鮮・平壌《ピョンヤン》付近とされているために、その南に位置する帯方郡は、韓国ソウル近辺と昔から考えられてきました。しかし昨今、平壌の南方50kmの沙里院《サリオン》市付近の古墳から「帯方太守張撫夷」の銘が発見されました。そこは帯方太守（帯方郡の長官）の墓であることが確認されたのです（図32）。

その位置は、それまで考えられていた韓国ソウル市よりも200kmも北西にあるので、帯方郡の中心（帯方郡治）は、昔から考えられていた位置よりも、北西に200kmもずれていたことになります。また、沙里院市にはすぐ近くに大陸との古代の玄関港であった大同江河口があります。つまり、ここが倭国への起点港になったと推測されます。これらのことから、邪馬台国へのスタート起点の帯方郡は、この沙里院市と考えるのが妥当だと思われます（図33）。

１７００年前に直線距離を測れたか

次は「倭人は、帯方郡の東南の大海の中に在り、山や島に寄って国や村をなしている」です。記された帯方郡が沙里院市だった場合、九州は東南ではなく、ほぼ南の方角となります。

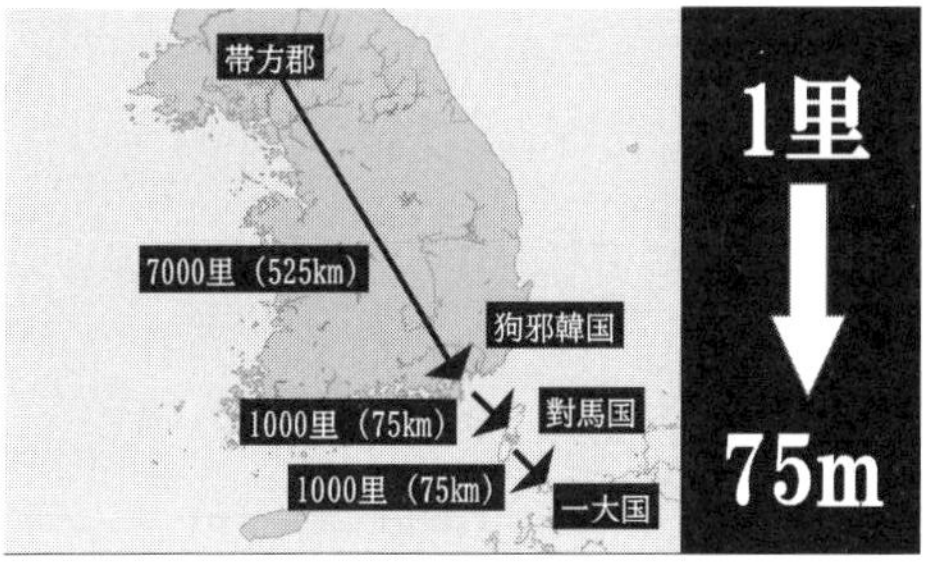

図34

とすると、東南の方角に位置する地は、山陰、山陽、四国、畿内が該当することがわかります。この一文からは、九州は邪馬台国には該当しないことになります。

次は1里の距離です。この時代の魏の1里は約４３５メートルといわれています。しかし、魏志倭人伝の「韓伝」（韓半島について記された部分）と「倭人伝」（倭国について記された部分）だけは、明らかに当時の魏の約４３５メートルを表す里が用いられていないのです。

地名と位置から、ほぼ間違いないとされている「狗邪韓国（釜山）～對馬国（対馬）まで１０００里」から計測して、現在では魏志倭人伝の「韓伝」と「倭人伝」の行程の1里とは約70～80メートルだったと、ほとんどの学者も考えています（図34）。

次に「帯方郡より倭に行くには、朝鮮半島の『西海岸に沿って水行

図35

し』、韓の国々を経て、あるいは南へ、あるいは東へと進み、『倭の北岸にある狗邪韓国』に到着する。『これまでが七千余里』である」と記された箇所を取り上げます。ここで注目するのは「西海岸に沿って水行し」と、「倭の北岸にある狗邪韓国」と、「これまでが七千余里」の箇所です。

「水行」とは、海岸が見える位置に沿って航海することであり、現代の航法でいう「地乗り航法」（海岸に沿って航海する航法）だと理解できます。

「倭の北岸にある狗邪韓国」については、第1章（30ページ）で書いた、朝鮮半島の南西部に、西暦500年前後に造られた日本固有の前方後円墳が15基ほど造営されている件を思い出してください。つまり、魏志倭人伝に記されている通り、韓半島の最南部の狗邪韓国は、倭国の領土で倭国の最北部（北岸）だったということです。

そして、「これまでが七千余里」ということは、沙里院市から狗邪韓国までの総距離が七千余里ということです。七千余里とは、7000×75メートル（1里）で52万5000メートル、つまり沙里院市から狗邪韓国までは525kmということになります。

地図でこの場所を直線で計測しますと、驚くことに500km前後で、ほぼピッタリなのです。海岸線に沿って、沙里院市から狗邪韓国までの道のりを計測すると、倍の1000㎞ほどとなります。魏志倭人伝の計測は、直線距離で計測し、記述されていることがわかります（図35）。

ここで疑問が出てくるのが、今から1700年も前の時代に、はたしてそんな長距離なのに直線距離を計測できたのか、ということです。では、古代中国には、どういう測量技術や科学技術があったのでしょうか。

3人の天才学者――張衡と裴秀と劉徽

次のお話は、阿州東洋哲学研究所の土佐野治茂先生が寄稿されている『邪馬壹国《やまと》は阿波から始まる』を参考にしています。土佐野治茂先生によると、魏志倭人伝が書かれた時代に、3人の天才学者が現れていたということです。

一人目は張衡《ちょうこう》（西暦78年～139）で、彼は政治家でありながら文人でもありました。一方で張衡は天文学者、数学者、地理学者、発明家、製図家としても優れた才能を発揮しました。

張衡の発明で有名なものに、水力自動渾天儀《こんてんぎ》、水時計、地震計などがあります。水力自動渾天儀とは、天体の位置を測定する観測器で、これを用いて、この時代に2500とも言われる星々を観測していました（図36）。

また1年の長さを365日と4分の1と、現在とほとんど変わらない精度で計算できていました。

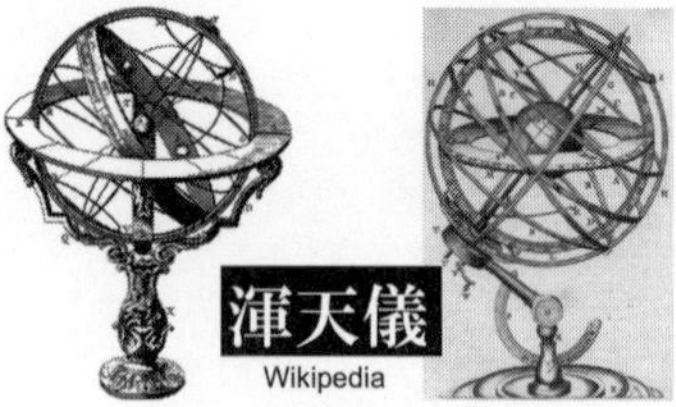

図36

数学者としても、円周率の計算まで行っていました。

特筆すべきは、張衡が今から2000年近くも前に、地球が太陽の光を遮り、影を作るという、月食理論を打ち立てていたことです。

次に紹介する学者は、裴秀《はいしゅう》（224～271）です。彼もまた政治家でもあり、地理学者でもありました。

裴秀の提唱した「準則六体」という、地図に定められる規則は秀逸で、西洋文明が中国にもたらされるまで、地図作りの際の規範となりました。準則六体とは、分率（縮尺）・道里（二点距離）・方邪（直角、鋭角測定方法）・準望（グリッド）・高下（高低）・迂直（直線、曲線測定方法）と、地図における6つのルールです。

この準則六体に即して書かれた地図が中国に残っており、実に正確に書かれているそうです。時代を経た今、中華人民共和国には、優秀な地図製作者に対して与えられる「裴秀賞」なるものがあります。1800年前の裴秀が、いかに優れた地理学者であったかを表しています。

裴秀と同じ時代に、劉徽《りゅうき》（生没年不詳）という数学者もいました。劉徽は現在、古代中国で最も偉大な数学者の一人に数えられています。

劉徽は、今から2000年以上昔からある中国の算術書である『九章算術』を完成させます。また劉徽の注記が独立して『海島算経』という優れた数学書が、後世に出ています。

この時代の中国には、彼らのように稀代の天才学者もいれば、『周髀算経《しゅうひさんけい》』という、「ピタゴラスの定理」や「ユークリッド幾何学」などの内容も含まれる、とんでもなく進んだ学術書も存在していました。

天体の位置計測を渾天儀で行い、3500年ほど前から中国で使われている「そろばん」の原形の「算木」で高度な計算を行っていたでしょうから、地平線の彼方の直線計測が行われていたのは確実だと考えられます。

図37

2万キロにも及ぶ万里の長城は、魏志倭人伝が書かれるよりさらに400年以上も前に建造が始まっています。始皇帝（紀元前259〜紀元前210）が築いた幅員70メートル、総延長750kmにも及ぶ、ほぼ直線の軍事専用道路の「直道」などもあります。

これらは直線計測ができなければ、とても建造できなかったでしょう。特に「直道」は、山を削り、谷を埋めての直線道路で、高度な測量技術がなければ、絶対に築造できません。

また、始皇帝は、揚子江の支流である湘江《しょうこう》と、広東地方へと流れる漓江《りこう》を結ぶ運河を紀元前214年に完成させています。この運河はなんとパナマ運河のように、36の水門で水位を調節するという高度な技術が施されていました。これは全長33kmにも及ぶ灌漑《かんがい》施設用の運河です（図37）。

距離・方角・標高などが正確に測れないと絶対に完成できない、このような壁や道路や運河が、魏志倭人伝完成の400年も前から存在していたのです。ということは、魏志倭人伝の行程が書かれた時代には、当たり前のように、地図上の一点から一点の直線距離が測れたと考えて間違いないのではないでしょうか。

畿内説でも九州説でも矛盾が生じる

それでは、魏志倭人伝に記載されている行程（道順）を、箇条書きで書き出してみましょう（図38）。

①郡（帯方郡治）より倭に至るには、海岸に循《したが》って水行し、韓国を歴《へ》て、あるいは南に、あるいは東に行き、その北岸の狗邪韓国《くやかんこく》に至る七千余里。
②始めて一海を渡る、千余里、対馬国に至る。
③また南一海を渡る、千余里、一大国に至る。
④また一海を渡る、千余里、末盧国《まつろ》に至る。
⑤東南、陸行五百里、伊都国《いと》に至る。

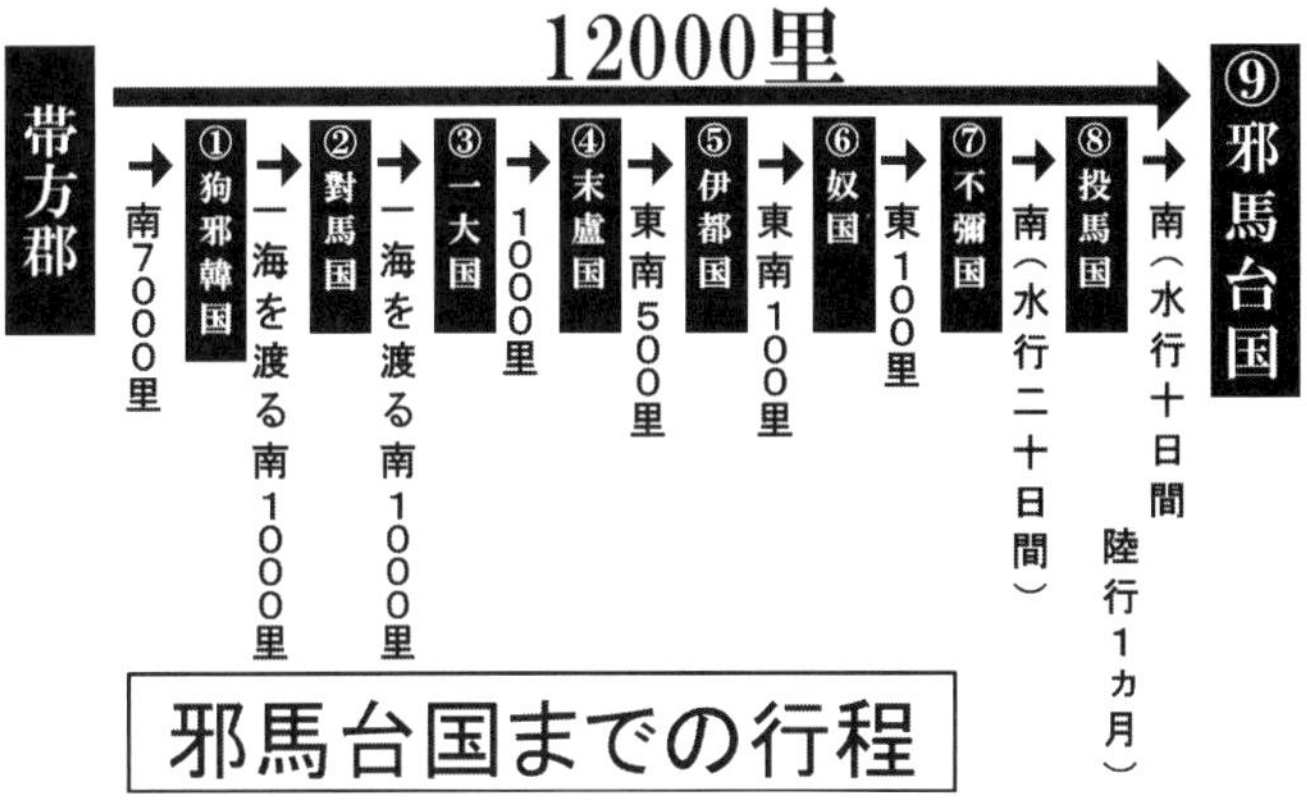

図38

⑥東南、奴《な》国に至る、百里。
⑦東行、不弥《ふみ》（彌）国に至る、百里。
⑧南、投馬《つま》国に至る、水行二十日。
⑨南、邪馬台国に至る、女王の都する所、水行十日陸行一月。
⑩郡より女王国に至る万二千余里。

狗邪韓国は現在の朝鮮半島南部の釜山周辺と考えられていますので、そこから海を渡って直線距離で千里（75km）のところに対馬があります。そこからまた直線距離で千里（75km）海を渡れば、ちょうど壱岐の島に着きます。ここまではどの説でも同じで、このことからも1里は70～80kmで間違いないことが理解できます。

問題は次の末盧《まつろ》国です。ここは千里（75km）とは書かれていますが、方角が書かれていません。

現在、末盧国だと比定されている場所で最も可能性が高いのは、畿内説でも九州説でも、名前からも佐賀県松浦《まつうら》半島の唐津あたりと考えられています。

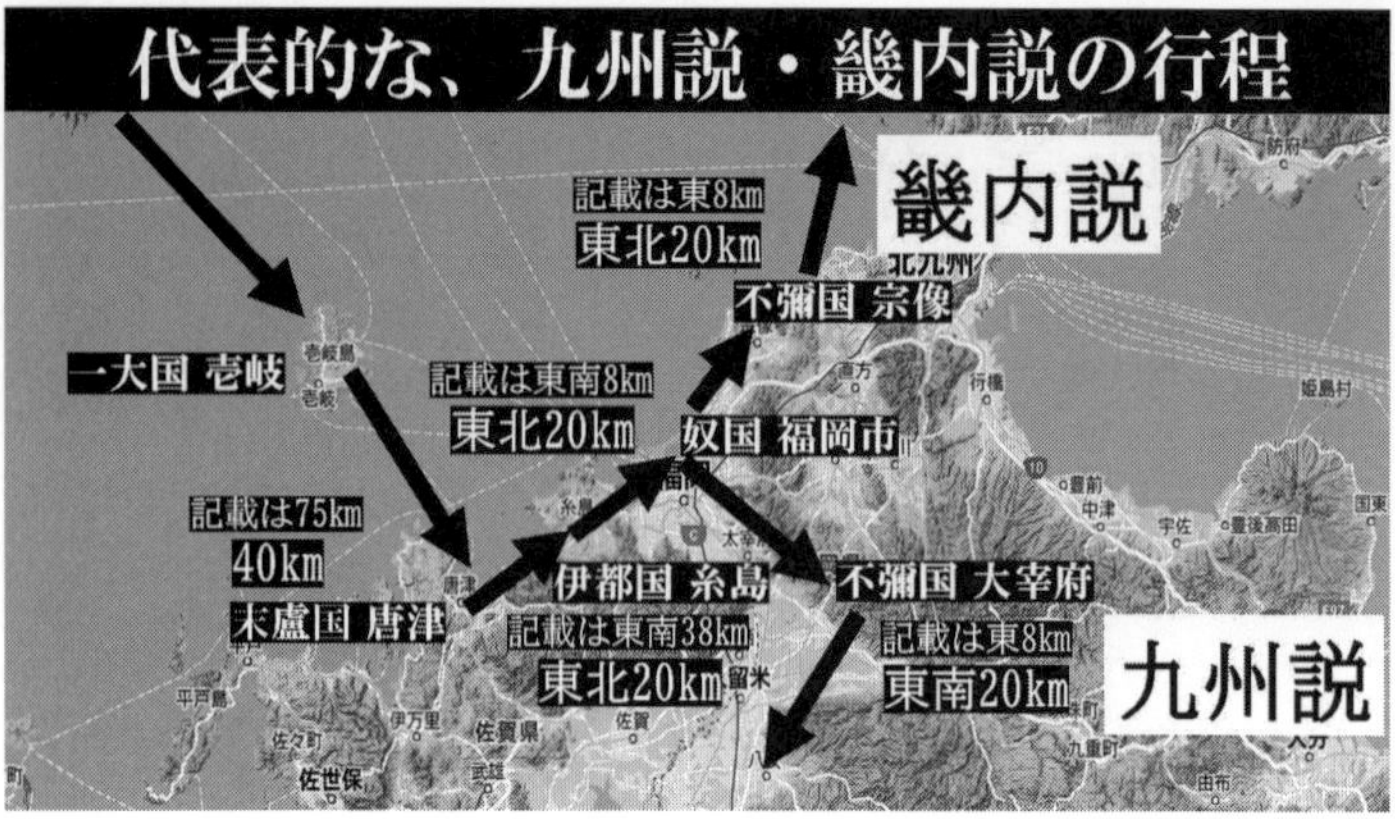

図39

しかし松浦半島の唐津は、壱岐の島からは、直線距離で40kmほどしか離れておらず、記載されている千里（75km）の半分ほどなのです。

ではここで、現在最も多くの研究者によって主張されている、畿内説と九州説の九州上陸前後の行程を説明しましょう。

○壱岐から一海を渡る、75kmの所を40kmで唐津に。
○次に、東南38kmの所を、東北20kmで糸島に。
○次に、東南8kmの所を、東北20kmで奴国に。

九州説では、

○次に、東8kmの所を東南20kmで大宰府に。記載通りなら、ここから船に乗って狭い川を上流へ逆行しなければなりません。

畿内説では、

○次に、東8kmの所を、東北20kmで宗像《むなかた》に。記載通りなら、ここから船に乗るのですが、ここから船に乗るのなら、ここまで歩く意味がわかりません。

このように、畿内説と九州説の中でも、最も多く主張されている説を取ってみても、距離や方角ですでに矛盾が生じています（図39）。

末盧国は宗像に、伊都国は行橋に、投馬国は宮崎県にあった

それでは、行程に忠実に従って、邪馬台国を探してみましょう。

古代の国と現代の都市では、存在した位置も微妙に違っていると思います。これから話す行程は、国の位置よりもルートを重要視していますので、比定地は、おおよその辺り、数キロ圏内と考えてください。

壱岐の島から直線距離で千里（75㎞）の地点に、港が存在する場所を探すと、該当するのは壱岐の東方に位置する福岡県の宗像しかありません。鎌倉時代に、蒙古襲来が起きますが、その蒙古軍の侵攻ルートも、朝鮮半島から対馬、壱岐と侵攻し、そこから最短距離である佐賀県松浦半島ではなく、その倍近くの距離がある福岡県の博多湾周辺に攻めてきます。

これは海流を見ればわかりますが、壱岐と九州の間には、黒潮から分かれた強い流れの対馬海流が流れているのです。壱岐から船出をしても、最短の南の佐賀県の松浦半島に着くよりも、対馬海流で東に流されて福岡県に着く方が自然なのです。

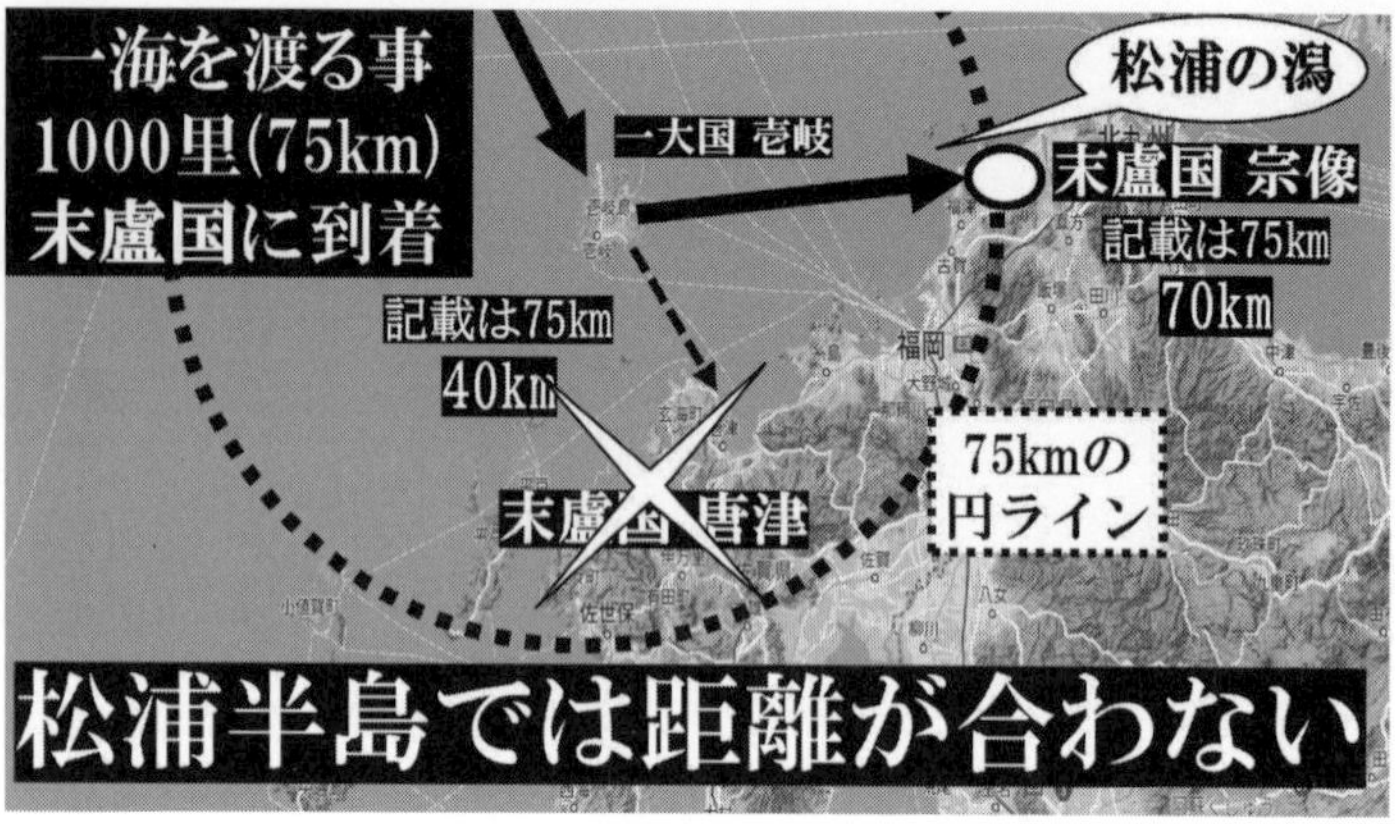

図40

千里（75㎞）という距離や、対馬海流があることから考えても、末盧国は佐賀県松浦半島ではなく、宗像周辺が妥当だと考えられます。また宗像の沖合には、昔、松浦の潟と呼ばれていた水域もあります。その名前からも末盧国はここだったのではないかと推測されます（図40）。

○次に東南に陸行すること五百里（38㎞）で、伊都国に到着する。

東南方向で42㎞ぐらいの位置に、大きな都市である福岡県行橋《ゆくはし》市があります。この近くには、京都郡みやこ町という意味ありげな地名があります。

ここは豊前国府や国分寺跡があり、古代にはこの辺りの中心地でした。また行橋市の下稗田《しもひえだ》遺跡からは国内最古級の硯《すずり》も出土しています。古代に行橋周辺には有力な国があったのは、ほぼ確実でしょう。

魏志倭人伝に書かれた伊都国は、重要な大陸との中継拠点なので、このことからも行橋を伊都国に比定します。

○次に東南、奴国に至るのに百里（８㎞）。

行橋から、東南方向に10㎞ぐらい行けば豊前に着きます。距離や方角からも豊前周辺が「奴国」と考えられます。

この「奴国」は有名な「漢委奴国王《かんのわのなのこくおう》印」を授かった奴国ではないと思われます。なぜなら、「倭奴《わのな》国《くに》は倭国の極南界なり」と、別の中国正史である『後漢書倭伝』に記載されているからです。

つまり、「倭奴国は倭国の極南界なり」とは、奴国は倭国の最南端という意味ですが、魏志倭人伝にはここより南に投馬国や邪馬台国が記載されているのです。ですので、この奴国は漢委奴国王印を授かった奴国ではなく、同じ読み名の、別の奴国ということだと考えられます。

漢委奴国王印はご存じのように、福岡県の志賀島（福岡市東区）で江戸時代の天明４年（１７８４年）に、農作業中の農夫が発見しました。しかし、周囲に弥生時代の遺跡などはまったくないのに、海岸近くの岩の下から、農作業中の農夫がこの金印だけを見つけたという不自然さなどから、現在でも真偽ははっきりとはわかっていません。

私の考えでは、ある根拠に基づいて、この金印は本物ではないかと思っていますが、その話はもう少し後の章でしましょう。

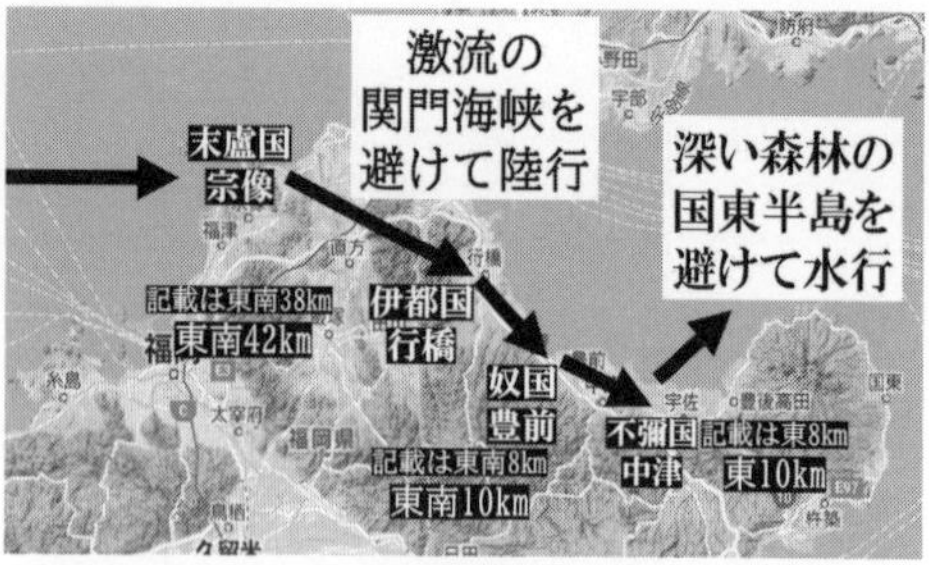

図41

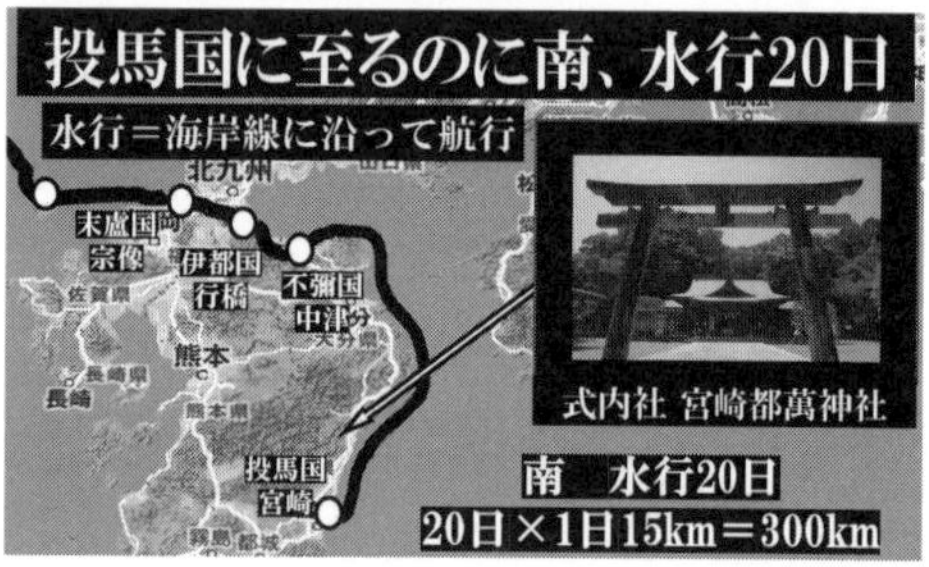

図42

○東、不弥国に至るのに百里（8㎞）。

豊前から東に10㎞ぐらい行けば、中津に着きます。距離や方角からも中津周辺に不弥国があったと考えられます。

ここからは、船による「水行」になります。ここから水行になるのは、この先にある、まるでジャングルのように森林が深く険しい国東半島を避けるために船に乗るのだと考えられます（図41）。

ここから船に乗るのであれば、わざわざ九州に上陸しなくても最初から船でずっと行けばいいのではないか、と思われる方もいると思います。しかし、ここまでの行程をよく見ると理解できますが、壱岐からここまで船に乗って来るには、「日本三大急潮流」である関門海峡を通らねばなりません。

その時代に、急潮流である関門海峡を通過することは相当な危険を伴ったでしょう。関門海峡を避けるために上陸したというのが最も辻褄が合う説明だと考えられます。

○投馬国に至るのに南、水行二十日。

中津の不弥国から海岸線に沿って南に水行で二十日、手漕ぎ船で1日15㎞を二十日（300㎞）で、九州南部の宮崎に着きます。

宮崎県には300基以上もの古墳が点在する、日本最大級の古墳群である「西都原《さいとばる》古墳群」があります。古墳は3〜7世紀にかけて作られたもので、古代に相当に大きな国があったことが認められています。

投馬国は、魏志倭人伝には「邪馬台国7万戸」に次ぐ5万戸を有する大国と記されていることからも、この宮崎県が投馬国であると考えられます。また投馬国が「ツマコク」という国名だったかは定かではありませんが、宮崎県西都市には式内社でツマ（都萬）神社も存在しています（図42）。

邪馬台国の場所は『太平御覧』で読み解ける

次はいよいよ問題の邪馬台国ですが、邪馬台国までの行程は南へ水行十日、陸行1か月となっています。しかしここにこそ、300年間、邪馬台国の所在地が解き明かされない謎があるのです。

魏志倭人伝は、3世紀後半に中国の三国時代の官僚・陳寿によって編纂された三国志の一部であることはよく知られています。しかし、今日伝えられる三国志はすべて後世の写本であって、原本は残っていません。

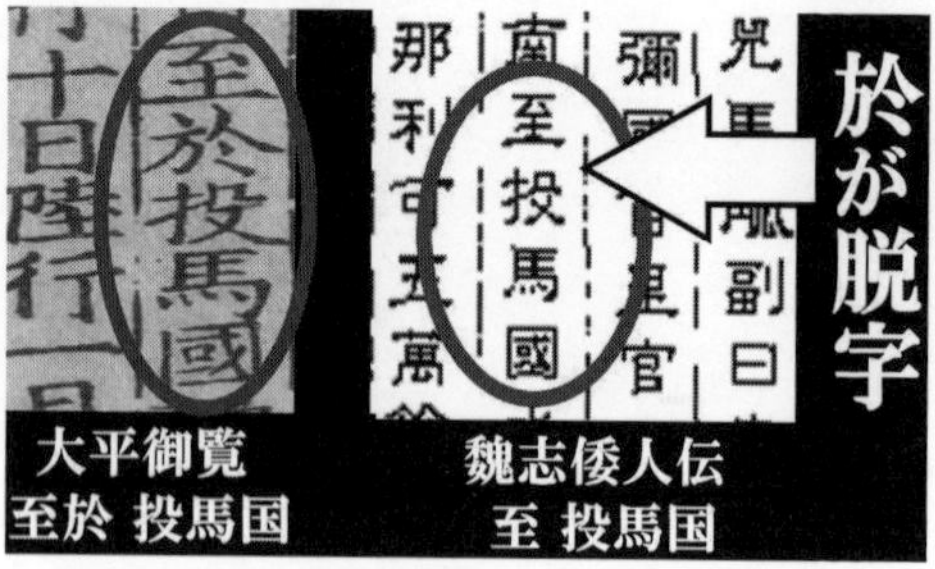

図43

現在我々が見ることのできる魏志倭人伝は、南宋の時代（１１２７～１２７９）に作られた写本です。実は魏志倭人伝写本より２００年ほど前の北宋の時代（９６０～１１２６）に書かれた、当時の事典にあたる、『太平御覧』という書物があります。そしてそこにも魏志倭人伝の行程と同じ記述があるのです。

魏志倭人伝と太平御覧の両方の書物は文面の内容から、同じ手本を参考に書かれているのではないかと考えられています。しかし、文面に若干違う箇所があるのです。

幾度となく写された魏志倭人伝は、写本が繰り返し行われ脱字や誤字が生じ、オリジナルの内容から少し変わった文面になった可能性があります。

魏志倭人伝には、投馬国に至る行程には「至　投馬国」と書かれています。しかし太平御覧には「至於　投馬国」と書かれているのです。

魏志倭人伝は、写本を繰り返しているうちに、実はこの「於」の字が脱字し、内容が少し変わって今日に伝えられている可能性があるのです（図43）。

今日まで、誤写のことなどほとんど誰も気にせずにきましたが、「於」の字がついた「至於」の字は、「○○について言うならば」という意味になります。「至於」は直接何かに言及するのではなく、少し外れたことを言うときに使う言葉となります。このように「至」と「至於」では、まったく違う意味になるのです。

つまり、「至　投馬国」は、「投馬国に着く」ですが、「至於　投馬国」は、「投馬国について言うならば」という意味になり、違う文脈になるのです。

ですので、魏志倭人伝では、「次は東南8㎞で奴国。次は東8㎞で不弥国。次は南、水行二十日で投馬国。次は南、水行十日、陸行1か月で邪馬台国に着きます」ですが、太平御覧では、「次は東南8㎞で奴国。次は東8㎞で不弥国、また、投馬国について言うならば、この不弥国から南、水行二十日で行けます。また、不弥国から南、水行十日、陸行1か月で邪馬台国に着きます」という意味に取れるのです。

先にも書きましたが、投馬国は邪馬台国に次ぐ大きな国だったので、記載されたものと推測することができます。通り道ではありませんが、副首都のようなものなので記載されたのでしょう。

この「至於」が、一連の言葉のつながりの中で、少し外れたことを言うときに使う言葉であったとしましょう。すると、投馬国が九州の宮崎だった場合、宮崎の先に邪馬台国があるのなら、投馬国は通り道となります。

そうなると、「しいて投馬国について言うならば」という文脈では辻褄が合いません。今まで通り「至」の字を使えばいいだけだからです。

しかし「しいて投馬国について言うならば」と書かれているということは、邪馬台国は投馬国の宮崎を通過しないルート、ということだと考えられます。

「至於」の意味が、私の解釈で合っているなら、不弥国から投馬国の宮崎の方向以外の船での南下ルートは、四国の方向にしか国が存在しません。つまり、不弥国から投馬国の宮崎の方向に行く船のルートと、宮崎の方向に行かない、四国の方向に向かう船のルートの二股の放射ルートになります。

「中津」の不弥国から海岸線に沿って南に下り、別府湾から島伝いに四国の佐多岬に水行十日、手漕ぎ船で1日15㎞を十日（150㎞）で、佐多岬のつけ根、南側の愛媛県八幡浜、もしくは佐多岬北側を水行した場合は愛媛県松山周辺に着きます。

　松山からだと、吉野川横断ルート、また八幡浜からだと尾根道に沿って四国山上横断ルートを陸行すれば、どちらも1日10㎞×1か月、つまり約300㎞で阿波に到着します（図44）。

　阿波は中津の不弥国から見れば、南ではなく東だと思いますが、私の考えでは、まず100㎞ほど南下することから、「南、水行十日間、陸行1か月で邪馬台国」という記述になったと推測されます。

　また魏志倭人伝の行程は、不弥国から、投馬国のルートと邪馬台国のルートの二股の放射行程という私の説を、裏付ける文献も存在しています。

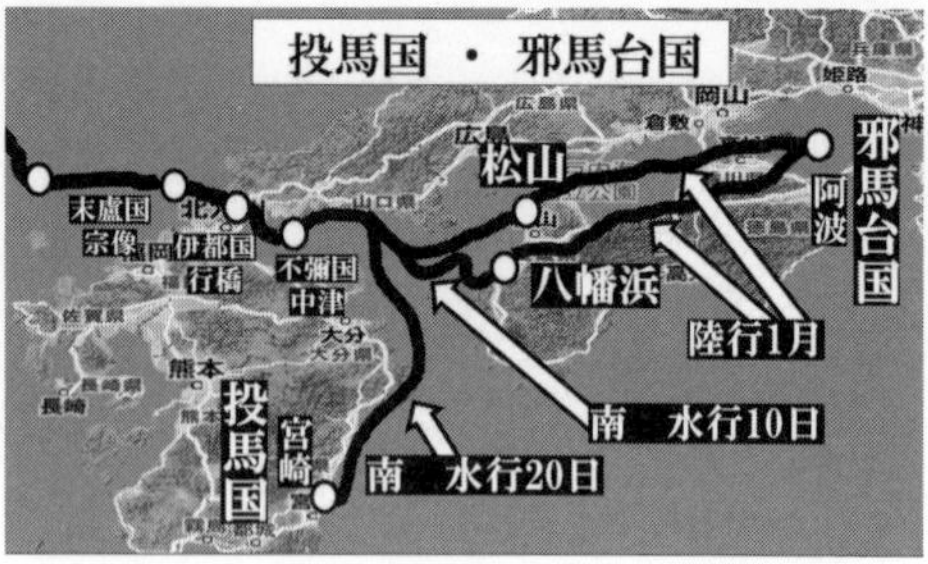

図44

魏志倭人伝の原典（手本）ではないかという説もある『魏略《ぎりゃく》』という書物があります。これは倭人伝よりも成立が古いのですが、その魏略にも、実は邪馬台国までの行程が書かれているのです。

　しかし魏略の行程には、公使館のあった重要な地である伊都国までしか記載がありません。奴国、不弥国、投馬国は、魏略の行程には書かれていないのです。これは邪馬台国までの行程には、奴国、不弥国、投馬国を通過しなくても行けたということだと考えられます。

図45

　図45を見ていただければ理解できますが、私が比定している公使館のある重要拠点の伊都国の行橋周辺も、周防灘に面した港町です。つまり、伊都国から直接船で行く邪馬台国までの水行は普通に可能なのです。

　魏志倭人伝は皇帝に差し出すために公式に編纂された中国正史の一書です。ですので、魏略より詳しく邪馬台国について書かれた魏志倭人伝では、伊都国の先にあった奴国と不弥国についても詳しく道順に入れているのでしょう。

　どうしても道順には入れられない投馬国については、邪馬台国への道順ではないけれど、邪馬台国に次ぐ巨大な国だったので、しいて投馬国についても記述したものと解釈できます。魏略の行程から見ても、やはり至於の字の意味は「しいて○○について言うならば」で合っているのではないでしょうか。

後漢書からも阿波が邪馬台国だったとわかる

魏志倭人伝と同じく、中国正史の後漢書巻85、「東夷列伝倭条」には、こうも書かれています。

「其大倭王居邪馬台國　樂浪郡徼、去其國萬二千里、去其西北界拘邪韓國七千餘里」

現代語訳しますと、「日本の偉大な王は邪馬台国に住んでいて、その国は北西525kmで拘邪韓國の国境に着き、また900kmで楽浪郡に着く」。つまり、この記述は大陸から邪馬台国ではなく、邪馬台国から大陸までの距離が書かれています。

先ほども書きましたが、邪馬台国から帯方郡は900kmですが、帯方郡と楽浪郡は隣接しています。両郡の境界線は、帯方郡の位置で述べた、大陸との古代の玄関港の大同江河口の大同江という大河です。

船での交通の便を考えれば、この重要港につながる川の南北に郡治（郡の首都）が隣同士のように置かれたと安易に想像できます。つまり両郡治は大同江を挟んだ境界線の目と鼻の先にあったと思われます。

そうなれば、阿波から北西にある楽浪郡も、阿波からのおおよその距離は900kmで後漢書の「東夷列伝倭条」の記述に合致します。そして阿波から、これも北西にある、拘邪韓國の釜山までの距離を計測してみますと、ほぼ５２５㎞ぐらいです（図46）。

つまり阿波からだと、楽浪郡も拘邪韓國も、魏志倭人伝に記述された方角と距離が驚くほど符合します。また、奈良からだと、拘邪韓國までは直線距離で約７００㎞、北部九州からでは直線距離で２５０㎞と、二つの地域とも記載の５２５㎞とは、まったく符合しません。

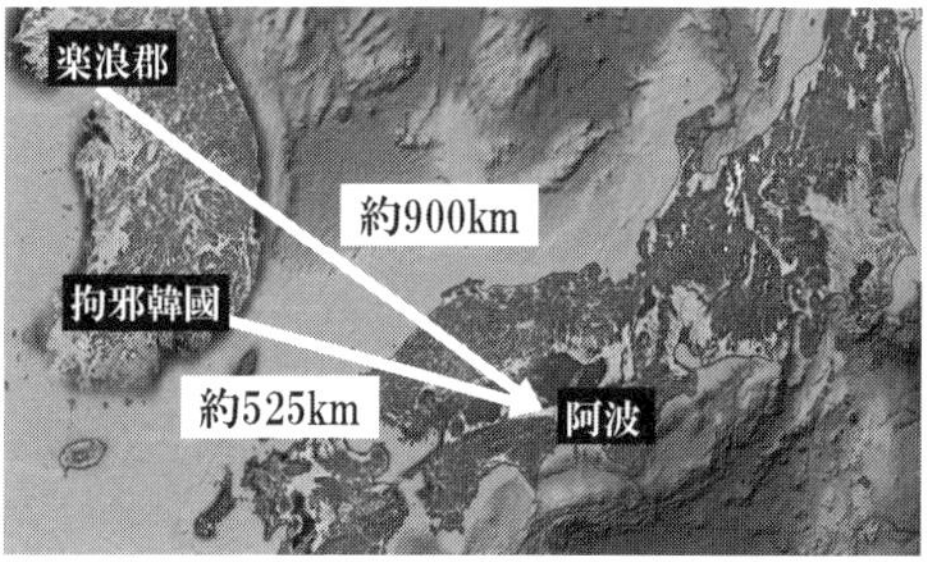

図46

この一点だけでも、畿内説、九州説は成り立たないのです。しかしこの話も、いつものごとく、世にはまったく知られてはいません。

皆さんもぜひグーグルアースなどで一度計測してみてください。阿波との距離と方角が合致しすぎて驚かれると思います。

ここまで述べてきた、邪馬台国までの行程や位置関係を見ても、畿内や九州よりも阿波が邪馬台国の最重要候補地だと理解できます。

しかしこれまでに述べてきたように、どう考えても阿波にしかたどり着かない魏志倭人伝の行程等は、邪馬台国説で主流派の九州説や、畿内説の学者先生たちには一切語られません。これでは一般の人は知るすべもありません。

九州説の、とある根拠

ここで、特に九州説の方がよく述べる、「九州に邪馬台国がある」とする、ある根拠のお話をします。

それは、「帯方郡から邪馬台国までの総距離は1万2000里（900km）で、途中の不弥国までに書かれてある国の距離の合計は1万700里（802・5km）なので、残りは1300里（100kmぐらい）ほどだから、邪馬台国は不弥国（北部九州）の周辺100km圏内にある」という考え方です。

しかしこの根拠は、もし行程がすべて直線距離で書かれていた場合、根本的な間違いを犯すことになってしまいます。なぜなら、直線距離で書かれたそれぞれの国の距離を合計（802・5km）して、それを総距離（900km）から引き算をするのは、道のり計測と同じになるからです。わかりやすく例を挙げて説明します。

たとえば大阪から東京は、高速道路での道のりで計測すれば550kmぐらいですが、直線距離では400kmです。その行程を見てみましょう。

大阪から京都は直線距離で45kmです。京都から彦根は直線距離で50kmです。彦根から名古屋は直線距離で60kmです。名古屋から静岡は直線距離で130kmです。静岡から藤沢は直線距離で100kmです。

大阪から藤沢までの距離を合計すれば３８５kmになりますので、４００km引く３８５kmで、藤沢から東京までは15kmということになってしまいます。これが大間違いであることは皆さんにもわかりますよね。実際には藤沢から東京まではまだ50km以上もあります（図47）。

すべてが直線距離で計測された場合、邪馬台国の行程もこれと同じで、総距離（９００km）からそれまでに費やした距離を引き算しても意味がないのです。

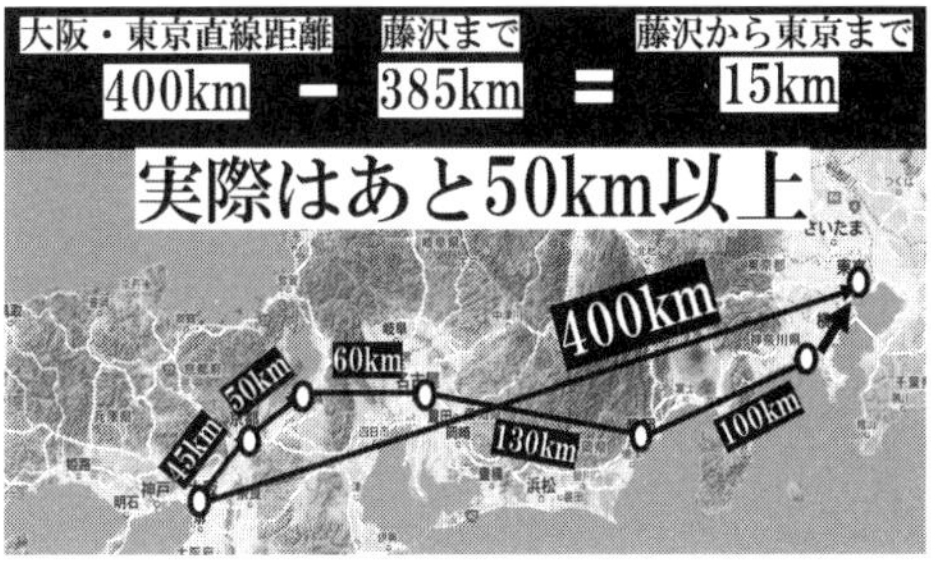

図47

魏志倭人伝の行程以外の記載から阿波＝邪馬台国説を証明する

魏志倭人伝などの古代中国の正史（国の歴史書）には、倭国や邪馬台国についての行程（道順）など地理的な記載以外にも、いろいろな詳細が書かれています。次はそのような、正史に書かれてある記述から、邪馬台国がどこかを推測してみようと思います。

○其地無牛馬虎豹羊鵲

現代語訳は「その地には、牛、馬、虎、豹、羊、カササギが生息しない」となります。

鵲（カササギ）

（Wikipedia）

サガン鳥栖
エンブレム

図48

カササギは、スズメ目カラス科に分類される鳥類です。朝鮮半島ではよく見られますが、日本では主に九州をはじめとして日本海側にしか生息していない鳥です。

九州ではよく知られる鳥で、九州佐賀県のサッカーチームであるJリーグのサガン鳥栖のエンブレムはこのカササギを使用しています。またカササギは日本では生息地ごとに天然記念物に指定されています（図48）。

しかし昔いた鳥が、絶滅していなくなることはあっても、昔いなかった鳥がその後多く生息するようになって国の天然記念物になるということは考えにくいです。

またカササギは飛行距離があまり長くないことから、生息地の朝鮮半島から九州や日本海側には飛んでこられないという説があります。そこで、カササギは、豊臣秀吉の朝鮮出兵で「カチカチッ」と鳴くので縁起のよい鳥として、秀吉によって九州に持ち込まれたという説や、平安時代に持ち込まれたという説等もあります。しかしいずれも仮説にとどまり、証明されたわけではありません。

現在でも、カササギは九州や日本海側に生息地が集中し、太平洋側には生息していないことを考えれば、古代に朝鮮半島から対馬、壱岐、九州と島伝いになんとか渡った少数のカササギが、九州全域に広がり、狭い関門海峡を渡って日本海側にも繁殖地を広げたとも考えられます。もしそうならば、魏志倭人伝に邪馬台国には朝鮮半島ではよく見られるカササギが生息していないと書かれているとい

図49

うことは、邪馬台国は九州でも日本海側でもなかったということになります。

○婦人被髪屈紒

現代語訳は「婦人はおでこに後ろ髪を垂らし、その後ろ髪を折り曲げて結っている」です。この髪形を書いてある通りに想像してみますと、なんとも不思議な髪型だということに気づきます。

このような髪型は、現在は見かけませんが、古墳時代の埴輪にはこの髪形の物があります。徳島県立埋蔵文化財総合センターに所蔵されている「襷《たすき》がけ人物埴輪」もその髪型をしています（図49）。

○出真珠青玉　其山有丹

現代語訳は「真珠や青玉を産出する。その山には丹がある」です。丹は水銀朱のことで、これは前記しましたが、この時代には阿波の若杉山近辺でしか水銀朱の採掘跡が見つかっていません。

丹の字がつく丹沢や丹川などの地名が日本各地にあるように、水銀朱は構造線上に沿ってわずかには各地に露出しています。しかし、人工的な採掘跡は阿波以外からは発見されていません。

魏志倭人伝に記された「その山には丹がある」の文面から、水銀朱発掘跡が見つかれば、邪馬台国の決定打になるのは間違いありません。そこで、各説の邪馬台国の研究者も血眼になって探求はされたと思いますが、阿波以外からは結局は見つからなかったということです。

水銀朱は辰砂とも呼ばれますが、言葉上の使い分けにすぎず、本質的には同じものです。その辰砂について、2013年に発表された、公益社団法人・日本分析化学会の「鉛同位体比測定に基づく遺跡から出土した朱（水銀朱）の産地の解説」の報文（完結した研究の成果を整理・統合した論文）には、次のように記されています。

〈辰砂は中国（貴州省、陝西省、雲南省など）で産出するほか、日本においては中央構造線沿いの各地（三重、奈良、徳島、大分など）や北海道等にも鉱山があり、そのいくつかは縄文時代よりすでに採掘が行われていたと考えられている。（中略）辰砂鉱石の硫黄の同位体組成が中国産と日本産で異なることが報告されており、大まかな識別が可能であることが判明した。しかしながら、さらに細かく、たとえば、日本産ならばどこの鉱山（奈良県か徳島県かなど）から採掘されたものかまでを識別するには至っていない〉

この文章からわかるのは、少なくとも2013年までは、「大まかな識別が可能」ですが、「日本産ならばどこの鉱山（奈良県か徳島県かなど）から採掘されたものかまでを識別するには至っていない」ということです。つまり、日本産の水銀朱ということは判別ができても、それが日本のどこの鉱山の産出かは特定できないということです。

また2010年、論文「日本古代朱の研究」にて早稲田大学より博士号を授与された市毛勲氏の同論文の要旨には、〈弥生・古墳時代の辰砂採掘跡は日本列島で唯一徳島県若杉山辰砂鉱山遺跡が知られているのみである。(中略)徳島県若杉山辰砂鉱山遺跡の発見で弥生時代後期から古墳時代初めにかけて、本邦産辰砂は少なくとも西日本各地に搬出されていた状況が推測できた。これによって『魏志東夷伝』倭人の条記載の「其山有丹」が証明され、さらには卑弥呼が献上した品物の「丹」が本邦産辰砂である点も明らかになった〉と、記されています。

つまり、「弥生・古墳時代の辰砂採掘跡は日本列島で唯一徳島県若杉山辰砂鉱山遺跡が知られているのみ」とあるので、邪馬台国の時代は阿波若杉山辰砂鉱山遺跡の一か所だけでしか、水銀朱の大掛かりな産出は認められていないということです。

その弥生時代後期(邪馬台国の時代)から古墳時代にかけて、日本で唯一の辰砂鉱山の若杉山辰砂採掘遺跡は、2019年10月16日に、辰砂鉱山遺跡としては日本でここ一か所だけの「国指定遺跡」になりました。しかし、邪馬台国時代には、辰砂鉱山遺跡は阿波の辰砂鉱山しかなかったという事実が、全国レベルではあまり知られていません。

ほとんどの人は、水銀朱は日本各地で、大昔からたくさん出土していたと思っているのではないでしょうか。しかし全国各地に残っている辰砂鉱山遺跡は、邪馬台国の後の古墳時代以降のものなのです。ですから、各地にある丹の字がつく丹川や丹沢などの水銀朱由来の地名も、その時代にわずかに水銀朱が露出していた土地か、あるいはのちの時代につけられた地名だと考えられます。

阿波の水銀朱を現地の露出水銀朱と混ぜ合わせたか

　ところで、日本海に面する丹後半島に、弥生時代（2世紀末〜3世紀）に造られた大型墳墓の赤坂今井墳丘墓（京都府京丹後市）というものがあり、この墳墓からは大量の水銀朱が発見されています。ところが、その水銀朱は、なんと三重県の丹生辰砂鉱山産とされているのです。

　先ほど紹介した、公益社団法人日本分析化学会の報文の通りなら、水銀朱鉱山の産地特定は確定できないはずです。それなのに、なぜ水銀朱の産地がわかったのか。またこの時代には採掘痕跡がないはずなのに、丹生辰砂鉱山からは、なぜ大量の水銀朱が産出されたことになっているのか。

　その点が不思議で、少し調べてみました。すると、近畿大学理工学部の南武志先生の「遺跡出土朱の起源」と題する論文がありました。それにはこう書かれていました。

〈丹後地方でほぼ同じ時代の大風呂南遺跡と赤坂今井墳丘墓から出土した朱を比較したところ、中国陝西省産朱が出土した大風呂南遺跡に対して、赤坂今井墳丘墓は、あきらかに丹生鉱山産朱の値を示した。（中略）日本産であっても丹生鉱山産かそれ以外で区別することは可能であるが、産地の異なる朱を混合して使用していたり、人造朱を用いていた場合、イオウ同位体比分析だけでは推定不可能と考える〉

ここには「産地の異なる朱を混合して使用していたり、人造朱を用いていた場合、イオウ同位体比分析だけでは推定不可能」とありますから、大量に産出していた阿波の水銀朱と、わずかに産出（採掘跡が確認できないため）していたと思われる丹生鉱山の水銀朱を混合していたのではないか（混合すれば判別不可）、という疑惑が残ります。

そこで私も、赤坂今井墳丘墓を管理している京丹後市の教育委員会に電話で問い合わせてみました。すると、「現在のところ丹生鉱山産ではないかと推測しているだけ」という返答でした。

またいろいろ調べてみますと、次のような考文がありました。これは九州国立博物館、本田光子氏の令和3年の福岡市埋蔵文化財センター考古学講座からの引用になります。

〈三重県森添遺跡では朱付着の道具類多数の出土および地理的環境から、大和水銀鉱床の伊勢地方産辰砂を原料として朱を製造、精製していたと考えられていますが、辰砂そのものは出土していません。（中略）朱の原料となる辰砂は、生産地である徳島県若杉山遺跡で製造、精製道具類（石臼、石杵、貯蔵容器等）と共に出土しています。弥生時代後期後半から古墳時代初めまで営まれた若杉山遺跡の例から、阿波水銀鉱床ではこの時期に辰砂の採掘が行われていたと考えられます。また、大和水銀鉱床も弥生時代の終りから古墳時代には採掘されていると考えられていますが、これは付近の遺跡で朱が付着した当該期の土器や石器が頻繁に出土しているからです〉

この本田氏の考文から推測すると、阿波からもたらされた水銀朱に、現地で取れた少量の露出水銀朱を混ぜ合わせたと考えられます。

やはり、阿波以外の地には水銀朱採掘の痕跡がないにもかかわらず、各地で水銀朱の精製の痕跡が認められるのは、ほとんどの水銀朱は阿波からもたらされたからだと考えられます。**阿波からもたらされた水銀朱を、現地の少量の露出水銀朱と混ぜ合わせ、そこで少しでも多く嵩上げされた**のではないでしょうか。

また、魏志倭人伝に記載された「其山有丹」の水銀朱が、阿波から大量搬入されたものだとすると、既存の邪馬台国をめぐる議論に異説（阿波説）が入るために、そのことにはどの学者先生も、あまり触れないのではないかと思ってしまいます。

「その山には丹がある」という記述は、水銀朱が大量に出土していることを表しているものと思われます。少なくとも露出してわずかに見つかるような水銀朱のことを言っているのではないのは間違いないと思います。

魏志倭人伝にいう「青玉」とは愛媛翡翠のことか

真珠は、御木本《みきもと》幸吉が世界で初めて真珠養殖に成功した地である伊勢志摩が大変有名です。しかし実は阿波の隣の愛媛県の宇和島が、量・質ともに全国シェア40%を超える日本最大の真珠の生産地なのです。その生産力から見ても、宇和島が優れた天然の適地であることは間違いなく、古代から天然真珠が多く取れたのは容易に想像できます。

青玉は、青石や翡翠のことともいわれていますが、何を指しているのかは、はっきりとはわかっていません。

青石は、中央構造線上に産出する緑泥片岩などの緑色または青色の岩石です。古墳や神社仏閣などの石材として古くから利用されている神聖な石です。

青石といえば、中央構造線がくっきりと走る、四国・愛媛県の伊予青石と、徳島県の阿波青石が有名です。また、翡翠は世界でも希少な宝石で、アジアでは日本やミャンマーなどからしか産出していません。日本では新潟県の糸魚川が最大の産地で、他にも鳥取県、兵庫県、岡山県、長崎県、北海道、群馬県、埼玉県、静岡県、高知県、熊本県からも少量ですが発見されています。

阿波の隣の愛媛県の中央構造線に沿った、三波川《さんばがわ》変成帯には、「愛媛翡翠」と呼ばれる、大変美しい緑色をした岩石を産出する場所があります。鉱物名は軟玉《なんぎょく》のスメクタイトで、正式には宝石の翡翠とは異なる種類の鉱物なのですが、翡翠よりも柔らかく、翡翠に大変よく似た美しい緑色をしています。そこで、愛媛翡翠と呼ばれているのです。

古代中国では翡翠は金よりも値打ちがあったといわれていますが、邪馬台国の時代には、中国では硬玉《こうぎょく》の翡翠が取れず、軟玉と硬玉の区別がありませんでした。中国は18世紀にミャンマーで硬玉の

図50

翡翠が発見されるまで、その違いがわかっていなかったのです。

ですので加工しやすくきれいな軟玉は、古代中国で神の石と考えられ、大変重宝されていました。中国の故宮博物院にある玉器のほとんどが、柔らかな軟玉の翡翠なのです（図50）。

また、中国でミャンマー産の硬玉の翡翠を使って玉器が作られ始めるのは約250年前の清の乾隆帝の時代です。ということは、魏志倭人伝（3世紀末）に記載された青石が翡翠のことだとすれば、軟玉の翡翠だと考えられます。

つまり、魏志倭人伝に「真珠や青玉を産出する。その山には丹がある」と書かれた「青玉」とは愛媛翡翠のことだと考えられます。

このように、魏志倭人伝に書かれている邪馬台国の3つの特産物（真珠、青玉、丹）がすべて揃うのは、四国の阿波を中心とした地域だけなのです。

第7章

邪馬台国は四国一円に広がる巨大な国だった

万葉集には辻褄が合わない歌がいくつもある

7世紀後半から8世紀後半にかけて編纂された『万葉集』は現存する日本最古の歌集で、原本は存在せず、一番古いものは平安中頃の写本です。この万葉集には多くの謎が隠れています。万葉集といえば、歌の数が4500首を越え、名前のわかる歌人だけでも約514人、詠み人知らず（作者不詳）も含め、詠み人が3000人近くにもなると言われます。万葉集の謎の一つが、九州と四国、瀬戸内の歌人が作った歌がほとんどないということです。

九州では防人《さきもり》（古代の九州駐屯兵士）の歌など、多くの歌が詠まれています。しかし、作者未詳の歌はあれど、地元九州の歌人が詠んだ歌となると確認がほとんど取れないのです。

うがった見方をすれば、九州や四国、瀬戸内などの詠み人の歌には、後世に残してはいけないような内容が詠まれている歌が多かったので、選ばれなかったのではないかと疑ってしまいます。

万葉集には飛鳥時代から奈良時代まで約130年間に及ぶ歌が収められています。作者は、天皇・

皇族・貴族・官吏・庶民・防人・大道芸人などあらゆる階層の人たちです。しかし、全体の約半数が作者未詳の歌です。

収録されている歌は、主に「雑歌《ぞうか》」「相聞歌《そうもんか》」「挽歌《ばんか》」の3つのテーマに分けられ、雑歌には、宮廷の儀式や宴席、天皇の行幸などの場で、天皇をはじめとする公人や宮廷歌人が詠んだ歌など公的な歌が含まれます。そこで古代史の解明にはこの雑歌が重要になってきます。

4500首を数える万葉集ですが、中にはどうしても内容の辻褄が合わない歌がいくつもあります。それら辻褄が合わない歌を、いくつか紹介しましょう。

○最も有名な、舒明天皇が詠んだ不思議な歌から紹介します。現代語訳で「大和にはたくさんの山があるが、特に天の香具山に登って、国を見渡せば、都には煙があちこちで立ち上っているし、海原には、カモメが飛び交っている。本当によい国だ、蜻蛉島の大和の国は」となります。

蜻蛉島《あきつしま》は神武東征の章で書きましたが、神武天皇が東征後に小高い丘の上から国を見下ろして、トンボの交尾の姿に似ていると語られたことから、定説では神武天皇即位地の奈良の飛鳥周辺で歌われたとされています。ですので天の香具山も、現在の奈良にある香具山とされていますが、ここに辻褄がまったく合わない一文があります。歌を見ればわかりますが、「香具山に登って、国を見渡せば、海原にはカモメが飛び交っている」と書かれているのです。

ご存じのように、奈良県は長野県や山梨県同様、いわゆる「海なし県」で、海は存在しません。おまけに奈良の天の香具山は山に囲まれた盆地の中です。ここからは、カモメや海原などは絶対に見えません。

この矛盾を解決するために、考古学者の樋口清之（1909〜1997）などの学者たちは、舒明天皇の頃（西暦七世紀）は、大和郡山辺りまではまだ湿地帯であったので、これを海原と言った、と解説しています。しかしたとえ湿地帯があったとしても、生駒山地の向こうにある大阪湾とつながるはずもなく、限られた湿地帯を海原と呼ぶには大きな無理があるのは明白です。

天の香具山の元山は阿波にあったか

徳島県の阿波国に伝わる「阿波国風土記逸文」には、次のように書かれています（「阿波国風土記逸文」アマノモト山『萬葉集註釋』巻第三）。

〈阿波国の風土記のごとくは、空（天）より降り下りたる山の大きなるは、阿波国に降り下るを、天の元山という、その山の砕けて大和国に降りつきたるを、天の香具山という〉（大意　阿波国の風土記によると、空（天）より降り下った山で大きいのは、阿波国に降り下った。それを天の元山という。その山が砕けて大和国に降ったのを天の香具山という）

『阿波國風土記』については逸文が残るのみで、一説には明治初期まで阿波藩に存在したという説もありますが、実際のところはわかっていません。これまでに確認されている逸文は主に五節あり、鎌倉時代の注釈書の仙覚《せんがく》著に記載されています。

仙覚著を書いた仙覚は、鎌倉時代初期における天台宗の学問僧で、万葉集研究に大きな功績を残しました。仙覚は万葉集でも歌われる有名な「香具山」を調べるために『大和國風土記』を見たのですが、『大和國風土記』に香具山は登場せず、他の風土記を当たって『阿波國ノ風土記』に行き着くのです。

図51　阿波　日峰山

不思議なことに、これほど有名な奈良の香具山の名前は、『大和國風土記』には書かれていないのです。天より最初に降り下りた山が、阿波の元山で、そこから分かれて降り着きたるのが奈良の香具山というのです。

この逸文からは、**奈良の天の香具山の元山は阿波にあった**という意味に取れます。その阿波には、徳島市と小松島市との境の海側に、天香具山とも言われる、標高191メートルの日峰山《ひのみねさん》があります（図51）。

ここからは万葉集に書かれている通り、住居と海とカモメが同時に見られますし、この近くには籠、籠山、外籠などの「カゴ」（カグが変化した？）のつく地名が多く存在しています。

○現代語訳で「天皇の支配される国は、天の下に多くあれど、お心をお寄せになる吉野の国の秋津の野辺に、宮殿を立てられ、宮中の大宮人は船を浮かべて朝川を渡り、舟を競って夕川を渡っている」という歌があります。この歌は柿本人麻呂が吉野宮に訪れたときに、そこに流れる吉野川を詠んだものです。

図52　奈良・宮滝遺跡の吉野川。この川では船遊びは絶対にできない

吉野宮に比定されている奈良県吉野郡吉野町宮滝にある、宮滝遺跡の前を流れる吉野川は、川幅数メートルの渓流です。ここで船を浮かべて朝川を渡り、舟を競って夕川を渡るような行為は絶対にできません（図52）。

また柿本人麻呂は、吉野宮を「滝の都」とも歌っています。吉野宮のある宮滝は、名前こそ宮滝ですが、宮滝周辺には滝は一つもありません。先ほども書きましたが宮滝は、吉野川の上流にあり、巨岩奇岩が両岸に迫り、瀬と淵が交錯する狭い渓流なのです。

この奈良の吉野川とまったく同じ名前を持つ阿波の吉野川にも、吉野宮があったのではないかと言われる場所があります。そこは吉野川に通じる支流にある、その名も滝寺《たきじ》（徳島県三好市）という古

図53

いお寺です。

ここに流れる吉野川支流の滝谷川《たきやがわ》には竜頭《りゅうず》・金剛の滝・滝の奥・下の滝谷などの滝や地名が残ります。まさに滝の宮を備えた、吉野川の滝の都とも呼べる情景です（図53）。

また、本流の吉野川は、舟遊びや船競争などはいくらでもできる日本有数の大河です。

天智天皇崩御時の歌は鳴門海峡を見ながら詠んだか

○現代語訳で「鯨を取るような淡海の沖や、岸辺で漕ぎ来る船よ沖で櫂《かい》（オールのこと）をそんなに撥ねないでください。岸辺で櫂をそんなに撥ねないでください。若草のようだった天智天皇が愛しんだ鳥たちが、驚いて飛び立ってしまいます」という歌があります。この歌は、天智天皇が亡くなったとき（672年）に、大后が詠んだ挽歌です。
この歌を詠んだ場所である、天智天皇の近江大津宮《おうみおおつのみや》とは、琵琶湖のほとりの大津市錦織《にしこおり》にある近江大津宮錦織遺跡といわれています。この歌にも、奇々怪々なことが書かれています。

「鯨を取るような淡海の沖」と書かれていますが、「淡海《あわうみ》」とは、湖や湖水を意味する言葉といわれています。対して海は「潮海《しおうみ》」とされています。

つまり、詠まれた「淡海」は琵琶湖を指していることになりますが、当たり前ですが鯨は琵琶湖には生息していません。この歌に詠まれた淡海とは、本当に琵琶湖のことなのでしょうか。

ここで、世にはあまり知られていない、興味深いことをお話しします。古事記の、現存する最古の写本に『古事記　真福寺本』があります。その『真福寺本』には、「伊邪那岐大神は『淡海の多賀』に坐《ましま》すなり」と書かれているのです。

つまり、イザナギは亡くなった後、「淡海の多賀」に祀られたということです。イザナギの祀られている有名な淡路島の式内社、伊弉諾神宮の住所は、兵庫県淡路市の、その名も「多賀」という土地です。

「伊邪那岐大神は『淡海の多賀』に坐すなり」ということとは、**イザナギは「淡海」に浮かぶ淡路島の多賀に祀られている**、ということになります。つまり、『古事記　真福寺本』では、淡路島の浮かぶ海のことを「淡海」と書いているのです。また、国生み神話で淡路島の前に生まれた島の名前は淡の島で、淡嶋です。

これらのことから考えても、本来の「淡海」とは、淡路島や阿波がある、鳴門海峡周辺の海のことではないでしょうか。

また、平安時代後期に成立したとされる歴史書の『日本紀略《にほんきりゃく》』（11世紀後半〜12世紀頃）の、平安遷都にかかわる地名の一文に、こう書かれています。

〈又近江国滋賀郡古津者、先帝旧都、今接輦下。可追昔号改称大津〉

これを現代語訳しますと、「近江国滋賀郡古津は、天智天皇の大津京であり、今新都に隣接している、昔の名称を使って改めて大津と称すること」となります。これを普通に読めば、「近江の古津は、天智天皇の大津京だったが、平安京遷都に伴って古津ではなく、昔の名前の大津と呼ぶことにしよう」と解釈できます。

つまり、大津→古津→大津のように地名を変えたということです。しかし、滋賀県大津が天智天皇の宮が置かれた大津京だったのであれば、天皇の宮の名前を、わずか100年ほどで、由緒正しい大津の名前から古津に変えたということになります。そう簡単に天皇の都の名前を変えるものでしょうか。

私のこの一文の解釈は、「平安京遷都に伴って、近江の古津を、天智天皇の都だった大津と同じ地名で呼ぶことにしよう」です。また、何よりも近江の大津の地名は701年の大宝律令で制定されたことになっています。しかし天智天皇は668年に即位され、大宝律令前の671年に崩御されているのです。

ですので、そもそも近江に大津の地名がつくのは、天智天皇の御代の後なのです。『古事記伝』を著し、古事記の存在を世に広めた本居宣長は、淡海は「阿波宇美が切《つづ》まったもの」と説いています。それを信じれば、あわうみ→阿波宇美→淡海→近江となったと考えられます。

そして、淡海だったと考えられる鳴門海峡の阿波側に、鳴門市大津という地名が存在しています。

ここからはホエールウォッチングも、もちろん可能です。

つまり、天智天皇が亡くなったときに、大后が詠んだ「鯨を取るような淡海の沖や、岸辺で漕ぎ来る船よ沖で櫂《かい》をそんなに撥ねないでください。岸辺で櫂をそんなに撥ねないでください。若草のようだった天智天皇が愛しんだ鳥たちが、驚いて飛び立ってしまいます」という歌は、鳴門海峡を見ながら詠んだ歌ではないかと思われるのです。

万葉集の時代の難波とは讃岐市津田町のことか

万葉集の話の最後に、阿波を詠んだ歌を紹介します。

「眉のごと　雲居に見ゆる　阿波の山　懸けて漕ぐ舟　泊まり知らずも」(船王)

現代語訳は「今宵どこに泊まるのかもわからない船が遠く眉のように連なる阿波の山の方へ進んでいく」となります。

この歌は、船王《ふなのおおきみ》が、海が見下ろせる難波宮《なにわのみや》から、阿波の眉山を詠んだ歌と伝えられています。しかし難波宮は大阪城の南に位置し、現在の海岸線から15㎞も内陸に入ったところにあります。

何よりも、現在の大阪港からでもなんとか淡路島が見えるかどうかで、阿波や眉山は絶対に見えません。まして港から15㎞も内陸に入った難波宮からでは、いくら高台だとしても、淡路島さえ見えないと思います。

そこでこの歌は、はるか遠くの阿波の眉山を想像しつつ詠んだ歌とされています。しかし歌を見直していただければわかりますが、明らかに情景を見ながら詠んだ歌にしか見えません。

想像しながら歌を詠んだというこの解釈には、相当無理なこじつけがあると思うのは、私だけでしょうか。この歌が、本当に目の前の情景を見ながら歌ったのであれば、詠まれた場所は大阪の難波宮ではなく、阿波の山々が見える場所から詠んだのではないか、ということです。

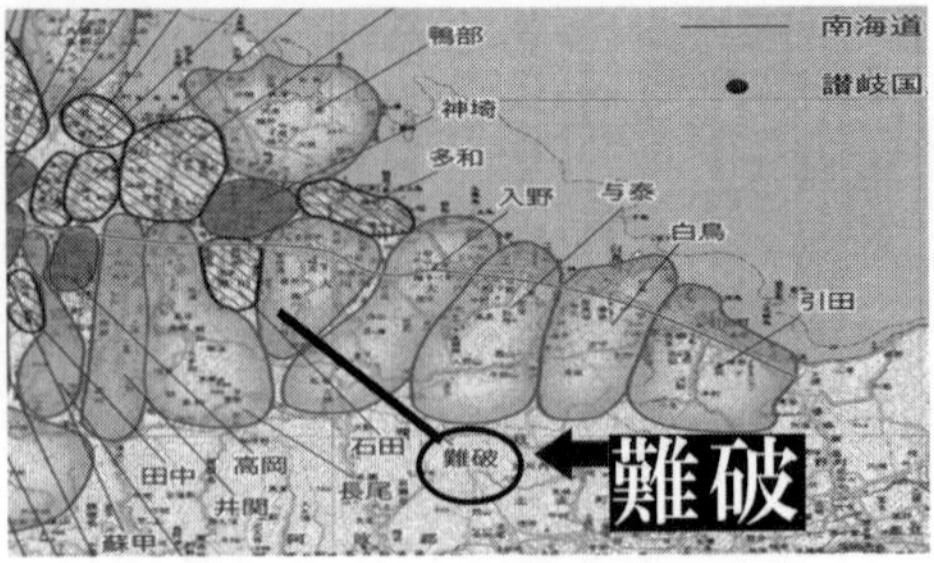

図54

大阪は、昔から難波《なにわ》と呼ばれていたと思いがちです。しかし実は日本で最初に「ナニワ」という地名が記されたのは、大阪ではありません。

ナニワの地名が最初に記されたのは、『和名抄《わみょうしょう》（和名類聚抄《るいじゅしょう》）』（931~938）であり、そこには現在の香川県讃岐市津田町が記されています。ここは潮流の激しさから「難波の津」と昔から呼ばれており、ここに日本で初めて「なにわ郷」（『和名抄』では難破）の地名が記されました（図54）。

931年~938年に成立した『和名抄』に、日本で初めて「なにわ」の地名が記されたということは、それ以前の759年の万葉集の時代の難波とは、讃岐市津田町のことしか考えられないのではないでしょうか。

ちなみに『和名抄』には、河内国の今の大阪近辺には、難波《なにわ》の地名は一切書かれていません。この時代の難波は、まぎれもなく讃岐の難波だけだったのです。

讃岐に難波宮があり、船王が阿波に行く船を、ここから詠んだのであれば情景としてはすべて辻褄が合うことになります。

また、難波宮で最も有名な天皇といえば、第16代仁徳天皇です。仁徳天皇は万葉集では難波天皇とも記されており、その宮は難波の高津宮です。

仁徳天皇の難波の高津宮は高松にあったか

その仁徳天皇にはおもしろいエピソードがあります。そこから本当の難波宮が見えてきます。

仁徳天皇には磐之媛《いわのひめのみこと》命という、ひどく嫉妬深い皇后がいました。仁徳天皇は、吉備国の黒姫《くろひめ》を気に入り、宮中に召し寄せましたが、黒姫は、皇后が嫉妬することを恐れて、やがて故郷の吉備国に逃げ帰りました。

仁徳天皇は難波宮で黒姫の乗った船が難波の海に浮かんでいるのを遠くに眺めて、黒姫を愛おしむ歌を歌いました。その仁徳天皇が黒姫を愛《いと》おしんで詠んだ歌を聞いた皇后は怒り、家来を難波の大浦(港)に遣わして、黒姫を乗っていた船から追い出したそうです。

愛しさが止まない仁徳天皇は淡路島まで行き、そこで黒姫を愛おしみ、黒姫の住む吉備国に向いて、また歌を詠みました。「難波の崎から出で立《い》って、我が領有する国を眺めると、淡島や淤能碁呂島、また檳榔の島も見える、佐気都島も見える」という歌です。

この歌は、第1章（23ページ）で紹介した、淡路島から黒姫が住む吉備の国（現在の岡山県）のある、西の方角を向いて仁徳天皇が詠んだ歌です。この歌の不思議な位置関係、わかりましたでしょうか。

仁徳天皇は淡路島から黒姫が住んでいる現在の岡山県の方に向いて歌を詠んでいるのですが、そこには難波宮が見えると言っているのです。淡路島から見て、岡山県は西に位置し、大阪の難波宮は東に位置します。１８０度逆なのです。

これでは、淡路島から岡山県の方角を向いて、真後ろの大阪も見えると言っていることになります。それに大阪の難波宮から淡路島は、直線距離でも50㎞も離れています。難波の先から出て立つという表現には、遠すぎて無理があります。

しかしもし、香川県の讃岐に難波宮があったとすると、淡路島から岡山県を見れば、その手前に讃岐の難波宮が見えます。そうなると、位置関係は完全に合致します。

また、仁徳天皇が黒姫を思って歌を詠んだことを怒った皇后は、家来を難波の大浦という港に遣わします。徳島県鳴門市の港には、大浦の地名も残っています。

そして、ＮＰＯ法人阿波国古代研究所理事長の笹田孝至氏によると、仁徳天皇の難波の高津宮は、香川県の県庁所在地の高松にあったと考えられるとのことです。タカマツ（高松）は、『和名抄』の室町時代中期に写本された『大東急本』には、香川県の「タカマツ」の地名が「タカツ」と書かれています。難波津近くにあったタカマツこそが、仁徳天皇の難波の高津宮であると、笹田孝至氏は読み解いています。

この『和名抄』のタカツの地名から、私も香川県の高松が仁徳天皇の難波の高津宮の名前の由来であると考えています。

阿波の歌を後世に残る万葉集には選ばなかった

第1章（37ページ）で、日本書紀は、奈良大和で最大権力を誇っていた藤原不比等が、神話の発祥の地を阿波から九州に書き換えたと考えられると書きました。また、なぜ藤原氏が神話の発祥の地を阿波から九州に変えたかの理由については、第7章で、まとめてお話しさせていただく、と書きました。

ではここで、そのお話をさせていただきます。7世紀後半から8世紀後半にかけて編纂された万葉集は、720年編纂の日本書紀と、同時代の書物と言っていいでしょう。

先に述べたように日本書紀が、藤原氏の影響で改ざんされていたのであれば、同時代の万葉集にも間違いなく、最大権力者の藤原氏の影響が及んでいるはずです。第2章でも触れましたが、阿波には由緒ある官社として朝廷に認定されていた、神話時代の神様の単名神社や元宮と呼ばれる式内社が多く存在していました。

また大嘗祭での麁服神事等を見てもわかりますが、天皇家とのつながりも深く、阿波には、多くの人々が暮らし、重要な国であったことは明白です。それなのに万葉集には、先に紹介した、阿波眉山を想像して読んだとされる歌以外に、阿波の歌は一切、詠まれていません。

これは、**明らかに阿波の歌を、後世に残る万葉集には選ばなかった**ということではないでしょうか。

また、第1章でも書きましたが、国生み神話で生まれていないはずの島根出雲は神話の舞台として書かれても、国生み神話には現れた淡路島や阿波のある四国は、その後の神話には一切出てきません。

これも記紀などに残る日本の神代の古代史からは、故意的に抹消されているように見えます。

藤原氏の主張より『古語拾遺』の方が正しいと朝廷は認めていた

藤原氏の元の名は中臣氏で、その始祖は、天の岩戸神話で忌部の始祖のフトダマとともに活躍したアメノコヤネです。しかし阿波忌部ご当主との対談で、ご当主から聞いた話では、ご当主の個人的な意見としてですが、おそらくアメノコヤネは、フトダマより下位の神様だったと思われるということでした。

朝廷祭祀ではその二柱の神の後裔にあたる、忌部氏と中臣氏の二氏族が歴代に渡って神事を行っていました。しかし、西暦645年の乙巳《いっし》の変（大化の改新）でアメノコヤネの後裔の中臣鎌足が、中大兄皇子とともに、その時代に絶大な権勢を誇っていた蘇我入鹿（?～645）を宮中にて暗殺し、蘇我氏（蘇我宗家）を滅ぼします。

それにより中大兄皇子は体制を刷新し、大化の改新と呼ばれる大改革を断行し、これにより中臣氏も絶大な権力を得ました。その後、中臣氏は圧倒的な権力で、その後の朝廷祭祀についても忌部氏を排斥し、中臣氏だけが独占するようになっていきます。

そんな大化の改新から160年ほど経った頃、藤原氏（中臣から藤原に改名していた）と忌部氏の間で、今で言う裁判が行われます。

その訴状は、藤原氏が「忌部には祝詞を唱えて幣帛《へいはく》（神前の供物）を捧げる儀式はできない。忌部ができるのは幣帛を作ることだけ！」という内容でした。つまり忌部氏は技術集団であって、神代の時代から神事を司れるのは藤原だけだと訴えたわけです。

それに対し忌部広成《いんべのひろなり》が、大化の改新以降、祭祀の要職から排斥されていた神代から天平年間（729～749）に至るまでの歴史を略述し、忌部氏がいかに神事に奉仕してきたかの由来を述べます。さらに当時の朝廷の祭祀の不備な事項も挙げ、藤原氏による不当な処遇を訴えて『古語拾遺』という歴史書を編纂します。それを平城天皇に献上したわけです。

結局、その裁判に勝ったのは忌部広成でした。これは藤原氏の言い分より、『古語拾遺』に書かれた歴史の方が正しいと、ときの朝廷が認めたことになります。

しかし裁判に勝ったにもかかわらず、忌部氏はその後も衰退し、藤原氏の一強体制がそれから10

00年も続くことになるのです。

飛鳥の地に天皇の住む巨大な都が現れたのはなぜか

645年の大化の改新で巨大な力を得た藤原氏は、694年にできたばかりの藤原京（奈良県橿原《かしはら》市）を拠点にします。藤原京は天皇の宮が建てられただけでなく、そのまわりに3万人もが住む大きな都市でした。

南北約4・8㎞、東西約5・2㎞と、その後に造営される平城京や平安京にも匹敵する大きさで、およそ16年の間、都となりました。藤原京以前の奈良は、飛鳥京が置かれた飛鳥時代がありました。しかし、これまでの発掘調査などでは、飛鳥時代は、藤原京以降で見られるような宮殿の周囲の臣民の住居や施設などは見つかっていません。

飛鳥では全体像を明らかにするような考古学的成果は、ほとんどあがっていません。また遺跡の集まる範囲は地政学的に「飛鳥京」と呼べるほどの規模を持ちませんでした。

3万人の人口を有した藤原京とは程遠く、実態は不明確であり、歴史学や考古学では飛鳥京の実態はまだまだ明らかではないともいわれています。そんな飛鳥ですが、ここには渡来人が多く来ており、集落跡も残されています。

渡来人たちは様々な技術や文化をこの地にもたらしています。「飛鳥」は朝鮮語由来の言葉とも言われ、飛鳥といえば渡来族の東漢氏《やまとのあやうじ》が有名です。

東漢氏は飛鳥の檜前《ひのくま》（奈良県高市郡明日香村）に居住して、製鉄や機織や土器生産技術などをもたらしています。東漢氏が、百済（朝鮮半島にあった友好国）系であるということは新撰姓氏録（815年編纂の古代氏族名鑑）にも載っています。

藤原京以前の飛鳥の住民の8～9割は渡来人によって占められていたとの説まであります。つまり、藤原京以前の奈良の中心地は、都と呼べるほどの造りではありませんでした。

人口もさほど多くなく、渡来系氏族が多く住む場所だったということです。そんな奈良の地に西暦694年、人口3万人、約5㎞四方の、天皇の住まわれる巨大な都が、忽然と現れるのです。どうして藤原京が忽然と出現するのかは、もう少し後でお話ししましょう。

阿波での食料需給はどうだったか

ここまで読まれて、阿波は想像以上に日本の始まりの地、邪馬台国の候補地である可能性を秘めた土地であることがおわかりいただけたと思います。もし、阿波が邪馬台国だった場合、魏志倭人伝に記された、7万戸の人たちが阿波に住んでいたことになります。

弥生時代の総人口は国交省の調べでは約60万人と記されています。そして、魏志倭人伝に記された倭国の住居を合計すると約16万戸になります。

魏志倭人伝に記された国以外にも人は住んでいますので、仮に日本全体で倍の32万戸があったとして考えた場合では、60万人÷32万戸で、1戸当たりの人数は二人です。これで計算すると邪馬台国の人口は、二人×7万戸で14万人になります。

また、一般的によくいわれている邪馬台国の時代の1戸当たりの人数は5名ぐらいなので、それで計算すると、5人×7万戸で35万人。つまり、魏志倭人伝を信じるならば邪馬台国には14～35万人の人が暮らしていたということになります。

現在の徳島県の人口は約70万人ですから、それから見ても、この時代では大変多くの人口がいたということがわかります。大勢の人が住むということは、当然それだけの食料需給がなければ成り立ちません。

阿波はどのような食料需給の状況だったのでしょうか。阿波は現在地図で見ると、吉野川から平坦で広大な扇状地が広がっており、いかにも水田や畑作には打ってつけの土地に見えます。

しかし、邪馬台国時代の弥生時代後期の吉野川の扇状地は、痕跡から見ても川の中下流域くらいまで海岸線が迫っていたといわれています。ちなみに大阪平野も、現在大阪城のある上町台地は、大阪湾に突き出た半島のようになっていたとされています。

大昔は海水面が高くて、日本の至るところの海岸部は海に浸かっていたと、よく思われがちです。しかし海水面が高かったのは、その数千年前の縄文海進（温暖化で極地の氷が解けて海面が上昇した）が起きた、縄文時代でした。

邪馬台国のあった弥生時代後期には、弥生海退（寒冷化になり海面が下降）となり、現在の海水面と、高さはあまり変わりません。吉野川や淀川などが水浸しだったのは、海水面が高かったからではなく、扇状地が川上から運ばれてくる土砂堆積物で、まだ埋まっていなかったからなのです。

おまけに阿波の吉野川は、両岸に高い山等が迫る中央構造線上に流れる大河です。そこで降った雨が一気に流れ込みます。渇水時と増水時の水量の差が流域面積日本一の利根川の4倍もある、日本一の暴れ川なのです。

おそらく吉野川に広がる扇状地は、海水と淡水が混じり合った広大な湿地帯で、梅雨になれば川が大氾濫を起こし、太古の昔は水田どころか神話のヤマタノオロチのような手のつけられない場所だったと考えられています。それは古い地図を見てもわかりますが、確認できる地図だけでも川筋が幾度となく変化しているのです。

このことからも吉野川扇状地での農業耕作がいかに難しかったか想像がつきます。そこで阿波の平野部は限られた土地でしか農業耕作はできなかったと考えられます。

しかし、阿波南部の紀伊水道に向いた海岸部は、その大河吉野川などからもたらされる豊富なミネラルで海産物がよく育ち、海の幸が豊富に取れました。海産物の食料需給に恵まれ、大変栄えていたと思われます。

第4章（90ページ）で書きましたが、阿波南部にある縄文時代の加茂宮ノ前遺跡などを見ても、阿波は縄文時代の早くから南部の海岸部から栄えたと考えられます。しかし南部海岸部ですら、水田耕作や農耕に適した平地は少なく、大勢の人口を養うには無理がありました。

数十万人の食料需要には追いつけないのは確実です。しかしここに、阿波が他の国と大きく違う点があるのです。それは、平野部や海岸部ではなく、広大な山上部が広がっていることです。

剣山周辺の鏡石で光通信をしていたか

阿波の剣山系は、日本最大の天空の山上傾斜地集落が点在する地域で、昔から「ソラ」と呼ばれていました。ソラとは、徳島平野に住む吉野川中下流域の人々が、県西部吉野川南岸部の旧美馬郡・三好郡方面を指す言葉として、今でも、ところどころで使われています。

ソラ（傾斜地集落）が分布する剣山系は、かつては日本を代表する焼畑地帯で、四国全体では近年の1950年には約2000ヘクタールの焼畑が分布していました。その広さは全国の焼畑の19％にも及んでいます。

中でも阿波剣山系が日本最大の焼畑地域で、またその剣山の麓の佐那河内村《さなごうちそん》には、そのような山深い場所なのに日本最古の棚田が現存しています。

阿波剣山は2000メートル近い高さで、高低差があるために動植物の生態系も多種多様で、四季を通していろいろなものが採取できます。そして何より恵まれているのは、山上付近は破砕帯《はさい》（断層の一つ）のため、多量の湧水が溜まったのです。川もない山の上なのに、水が安易に確保できたということです。

そうした優秀な食料自給のシステムが認められ、このソラと呼ばれた古代から始まる阿波の山上地帯の、傾斜地農耕自給システムは、「２０１７年世界農業遺産」に認定されています。

つまり、阿波は太古の昔から、山上地帯の広大な傾斜地に焼畑と棚田が広がり、山の中腹では四季を通じて多種多様な山の幸が収穫できていたということです。

１９７６年に新人物往来社から出版された『邪馬壱国は阿波だった　魏志倭人伝と古事記との一致』（古代阿波研究会　編）には、阿波山上から、平野部や瀬戸内海一帯に張りめぐらせた拠点で、鏡や鏡石（顔が映るほど磨かれた石）を用いていたと書かれています。それは太陽光の反射を利用した光通信であり、その光通信を利用して、天気を知らせたり連絡等をしていたということです。

その鏡とは、倭人伝に記された、魏から卑弥呼にもたらされた銅鏡百枚を最初は使ったのではないかとも、この本に書かれています。この光通信の話は、単なる空想でないという証拠として、同書は阿波の中津峰（徳島市）山麓の古老の話を載せています。

古老は「昔は、中津峰山《なかつみねさん》で火がピカピカッと出たら、あくる日は雨になるといいますわ。そういやこの頃は、出まへんな。昔は出よったといいますわ」と述べています。これは太古の出来事を、ついこの間のように子々孫々と語り伝えられてきたものとも思えます。

現在の剣山山頂周辺には、その鏡石と思われる、有名な傾いた大岩があります。何らかの影響によって傾いたと思われますが、傾いたおかげで鏡面が偶然岩の下向きになりました。その結果、風雨か

図55

ら守られ、現在までその鏡面が残っていたと考えられます。

私も剣山を視察で訪れたとき、その傾いた大岩以外にも、剣山山頂に敷き詰められている岩の中から、鏡のようにライターの火が鮮やかに映る石を数か所発見しました。グーグルアースで、剣山などの広大な阿波山上地帯を写真で見れば、今でもその周辺だけ茶色くなった広大なハゲ山の多さに気づきます（図55）。

これは近年まで盛んに行われた焼畑農耕の痕跡と思いますが、それははるか古代の邪馬台国の時代から続いていたのかもしれません。しかしそれでも、この山上耕作や海岸部の水産の食料需給だけでは、数十万人の人口を養うには不十分だったのは確実です。

日本と古代中国には貨幣による経済交流も

阿波の食料需給の解明もそうですが、その前に一つの疑問が残ります。それは次のようなことです。

もし阿波が邪馬台国だったとした場合、7万戸で数十万人の人口を抱えていたということですが、たとえば邪馬台国の人口が仮に35万人だったとしましょう。その場合、現在の奈良市と同じ規模の人口になります。

現在の奈良市には、いろいろな職業に従事した人々が生活を営んでいます。一方、阿波では農業耕作や水産などといっても、限られた規模でしかなかったでしょう。

職業も今のようにはない時代に、その数十万人の人たちはいったい何をして生活を営んでいたのでしょうか。

この時代は縄文時代前期のように、その日の食べ物を各々が収穫し、その日暮らしのような生活をしていた時代ではまったくありません。魏志倭人伝に邪馬台国は「租《そ》賦《ふ》を収む、邸閣《ていかく》あり」と記されています。

「租」とは収穫物などの物品税のことで、「賦」とは労役を国に奉納するという意味です。「邸閣」は納税品を収める倉庫と解釈されています。

このように、邪馬台国では身分制度をはじめ税もあり、交易も行うほどの高度な社会システムが機能していました。また、労役を国に奉納する「賦」ですが、数十万人が農業耕作や水産に従事するには、先に述べた通り、阿波の少ない耕地面積や、限られた海岸部ではおそらく狭すぎて不可能だったでしょう。

たとえば現代の徳島県の耕地面積を調べても、全国47都道府県中41位で、漁獲量も34位と、いずれも日本全国の中でも相当下位なのです。また労役とは、戦に備えて、兵役についていたとも考えられますが、この時代に万単位で兵役に専従していたとは考えられません。それに兵役だけでは食べていけません。

この時代の邪馬台国では魏の国など、他国との交易（物々交換）も行われています。２０１７年５月18日、淡路島の入田稲荷前《いりたいなりまえ》遺跡から、古代中国の貨幣３枚が出土しました。

その貨幣は、西暦14年から40年にかけて中国で鋳造された「貨泉《かせん》」と呼ばれる円形方孔の貨幣です。

実は貨泉は、この淡路島での発見を含め、１７９枚が日本国内で見つかっています。

つまり、中国で貨泉が流通していた時代（邪馬台国の２００年前）から、日本と中国には交易による物々交換以外にも、貨幣による貿易的な経済的交流があった可能性もあるのです。

いずれにせよ、古代中国と邪馬台国との間で交易（貿易）が盛んに行われていたと推測されます。

それではいったい邪馬台国の交易の主力品は何だったのでしょうか。

邪馬台国の交易の主力品は水銀朱だったか

魏志倭人伝に記された、邪馬台国の物品を挙げてみると「真珠、青玉、丹（水銀朱）、倭の錦、赤や青の目の細かい絹、綿の着物、白い布、木の握りのついた短い弓、矢、生口《せいこう》」などがあります。注目すべきは、この本に何度も登場する丹（水銀朱）でしょう。

中国最初の正史『史記』（紀元前１世紀頃）に、こう記されています。「而巴寡婦清、其先得丹穴而擅其利數世」と。

現代語訳すると、「巴《は》の地方にいた清《せい》という名の寡婦は、先祖が丹（水銀朱）が出る穴を手に入れたことで、数世代にわたり巨利を得ていた」となります。これは、古代中国で水銀朱を産出する場所を発見した清という人が、数世代にもわたり巨万の富を得たという意味です。

正史にまで、このようなエピソードが書かれているということは、古代中国で水銀朱は、大変高価で希少なものだったということがわかります。先に書いたように、その水銀朱が、阿波から大量に産出していたとなれば、阿波の水銀朱鉱山を所有していた人たちは、最重要な品として水銀朱を交易に使ったのではないかと思われます。

もしそうならば、魏の国が邪馬台国を重要な国と位置付けてもおかしくはありませんが、事実、魏の国は邪馬台国を重要な国と考えていました。

それは、魏志倭人伝と親魏倭王の金印を見れば理解できます。現在、一般的に魏志倭人伝と呼ばれていますが、実は『魏書《ぎしょ》、烏丸鮮卑東夷伝《うがんせんびとういでん》、倭人条《わじんのじょう》』が正確な書名です。

魏志倭人伝とは、魏の国から見て、東に位置する国々について書かれた歴史書物の中の、倭人についての部分なのです。ですので、倭人（邪馬台国）以外の国についても、もちろん書かれています。

その内容は「鮮卑」１２３０文字、「烏桓」４６２文字、「扶余」７１５文字、「韓人」１４２７文字で書かれています。一番遠いにもかかわらず「倭人」は１９８３文字で、倭人（邪馬台国）の条が、一番詳しく書かれているのです。

また、２３９年に卑弥呼に贈られた親魏倭王の金印についても、その当時中国皇帝から送られた最高位の金印は、西の大月氏国と邪馬台国の、たった２か国だけなのです。魏の国がいかに邪馬台国を特別に扱っていたかがわかります。

これらのことから考えても、邪馬台国は貴重な水銀朱を輸入する、大変重要な国だったのではないでしょうか。

阿波の水銀朱は、縄文時代後期から国内最古最大規模で、水銀朱を生産・加工していたことが学術的に認められています。縄文時代の水銀朱製作の遺跡が残る阿南市の加茂宮ノ前遺跡の調査結果からも、その水銀朱の産地である若杉山辰砂鉱山遺跡も縄文時代から、水銀朱を産出していたと考えられます。

そうなれば、邪馬台国より前の時代から、阿波と古代中国の王朝との間では盛んに交易があったということになるのではないでしょうか。

また、金印については前の章でも書きましたが、邪馬台国成立（3世紀頃）より約200年前になる紀元57年に「漢委奴国王印の金印」を日本はもらっています。「漢委奴国王印の金印」を贈られるということは、やはり金印を贈られた「委奴国」という邪馬台国の前時代の国も、重要な水銀朱を輸出してくれる、古代中国にとって大事な国だったのではないかと想像されます。

前に「漢委奴国王印の金印」はある根拠により、本物と考えられると述べました。その根拠についてはもう少し後にお話しします。

邪馬台国の人たちも水銀朱を発見するまでには、阿波近辺や、四国中をくまなく調査採掘をしたと考えられます。そのときに水銀朱以外の鉱物も、いろいろと発見されたでしょう。

図56

現に四国には古代からいろいろな鉱物の痕跡のある遺跡や遺構が見つかっています。地質学上の四国の島の成り立ちを見れば理解できますが、四国は世界でも地質的な構造上、まれな土地でもあるのです。

四国は鉱物資源の豊かな土地だった

ここから先は、愛媛大学客員教授の越智正昭先生との対談で、私も大変合点のいったお話から抜粋して、書かせていただきます。

四国は北から領家《りょうけ》変成帯、三波川《さんばがわ》変成帯、秩父帯、四万十帯という4つの違った地質帯で構成されています。それぞれに中央構造線、御荷鉾《みかぶ》構造線、仏像構造線、安芸宿毛《あきすくも》構造線の大断層帯が走っています（図56）。

横から見れば、4つのギザギザが東西に走っているのがわかります。これは、有名な南海トラフの断層が南から北に押しているためにこのような地形になっています。

この特殊な地形によって、地下資源が表層近くまで押し上げられ、世界でも屈指の鉱物資源のデパートのような島になっています。本当に四国の鉱物資源は多種多様で、量も多く産出されています。

実は阿波の水銀朱もその中の一例なのですが、越智正昭先生の調べられたことをここに書き出してみます。

○西条市の加茂川流域には、かつてニッケルを採掘するための黒瀬鉱山という鉱山があった。黒瀬鉱山は、当初、石筆《せきひつ》（石盤に文字や絵を書くのに用いる筆記具）や白墨などの原料となる滑石《かっせき》の採取を目的に大正時代に開坑した鉱山なのだが、採掘の途中で大規模なニッケル鉱床の露頭を発見して、ニッケルを対象にした鉱山に移行した。第二次世界大戦終結までニッケルの採掘を継続したが、戦後は再び滑石の採取に戻った。

○中央構造線は地中深くで生成された鉱物が激しい断層活動で地上付近にまで押し出されてきたようなところ。特に四国中央市と新居浜市の境界に位置する標高1706メートルの東赤石山《ひがしあかいしやま》周辺にはマントル物質と見られる橄欖岩《かんらん》、さらには橄欖岩が水を含んで変質した蛇紋岩《じゃもん》が広く分布している。

○東赤石山から西には三波川変成帯のうち三縄層と呼ばれる地層にキースラガーと呼ばれる含銅硫化鉄鉱の鉱床が地表付近に集中して発見されていて、別子銅山もその一つ。三波川変成帯は地下資源の宝庫とも呼べるところで、別子銅山（黄銅鉱・鉄）以外にも、佐々連《さざれ》鉱山（金・銀・銅・鉛・亜鉛・硫化鉄）、新宮鉱山（銅・鉄鉱石）、基安《もとやす》鉱山（銅）、愛媛鉱山（銅・亜鉛・磁鉄鉱）、市之川鉱山（アンチモン）、報国鉱山・鞍瀬《くらせ》鉱山（マンガン）、赤石鉱山（クロム）…など多くの鉱山がある。採掘される金属も銅や鉄だけでなく、実に

図57

様々。

○三波川変成帯とは外れるが、中央構造線沿いには伊予郡砥部《とべ》町《ちょう》に古宮鉱山（銅・水銀・マンガン・アンチモン）、広田鉱山（銅・硫黄）、横道鉱山（輝安鉱）、銚子滝鉱山（金・銀・銅・アンチモン）、万年鉱山（アンチモン）といった小規模の鉱山があった。伊予市中山町には中山鉱山、寺野鉱山、二川登《にごと》鉱山、佐礼谷《されだに》鉱山といった銅や硫化鉄が産出される小規模の鉱山がいくつかあった。

○喜多郡内子町には愛媛県で第2位の銅の採掘量を誇った大久喜鉱山があった。佐田岬半島周辺にもいくつかの小規模な銅鉱山があった。中央構造線の南側にあたる南予地域にも、生山鉱山、蔵貫《くらぬき》鉱山、大平鉱山、明間《あかんま》鉱山といったマンガンが採掘できる鉱山があった（図57）。

また、越智正昭先生は私との対談の中で、「ちょっと調べただけでも、ここに書ききれなかった小規模の鉱山が他にもいっぱいありますが、すべて掘り尽くしたのか、あるいは海外からの安価な輸入品に押されたのか、上記の鉱山はすべてすでに閉山されています。愛媛県に限らず、徳島県にも多くの鉱山の跡が残っていて、四国の中央構造線に沿った一帯は、今では考えられませんが、かつては鉱物資源の宝庫のようなところでした」と述べています。

このように、四国は鉱物資源が豊かであることがわかります。

また、弥生時代の四国（阿波、淡路島の遺跡は第4章で書きましたので、それ以外）の鉄関連遺跡を調べますと、新谷赤田《にいやあかだ》遺跡（弥生時代中期末、今治市）鍛冶炉は、日本列島内で鉄器の製造が始まった頃の最古級の鍛冶炉です。松木広田遺跡（弥生時代終末、今治市）は鍛冶炉の規模、鉄滓（精錬時の不純物）の大きさと生成量では瀬戸内以東で類例がありません。

上《かみ》ノ村遺跡（弥生時代中期末、土佐市、1世紀初め）からは鉄製品や鉄片などが大量に出土しています。上分西《かみぶんにし》遺跡（弥生時代後期、四国中央市）からは弥生時代後期の鉄器・鉄片がまとまって出土しています。

大久保遺跡（弥生時代前期末、西条市）では弥生時代の竪穴建物から最古級の鋳造鉄器が出土しています。北井門《きたいど》遺跡（弥生時代後期、松山市）は弥生時代後期の鍛冶炉を持つ円形の竪穴建物等があります。

邪馬台国は鉄を産出していた

越智正昭先生の考えでは、四国に残る弥生時代の鉄関連遺跡などを見ても、邪馬台国時代の四国では鉄や銅などが普通に採掘できることから、鉄器を古くから作っていたのではないかということでした。その説は魏志倭人伝を見ても一理あるのがわかります。

というのも魏志倭人伝には、「兵器には矛、盾、木の弓を用いる。木の弓は下が短く上が長い。竹の矢は『鉄』や骨をつける」と書かれています。つまり矢の先端には鉄を用いていると書かれているのです。

定説では大陸から日本に鉄が輸入されたのは弥生時代からとされていますが、自分たちで砂鉄や鉄鉱石から、鉄を生産するようになったのは古墳時代（6世紀）と考えられています。そんな貴重な輸入品の鉄を、数多く作らなければならない兵器の矢じりに使うでしょうか。

先ほど四国の鉄関連遺跡について書きましたが、日本各地には弥生時代の鉄関連遺跡が、記載した以外にも数多くあります。そのすべてが大陸から輸入していた鉄を使っていたということでしょうか。

今のように大型船で輸入するわけでもなく、手漕ぎ帆船でしか輸入できないと思われる希少な鉄を、日本各地に存在する弥生時代の鉄関連遺跡すべてに、はたして行き渡らせることができるでしょうか。

輸入していたのではなく、鉄そのものが邪馬台国でも産出できていたために、日本各地に鉄関連遺跡があるのではないか、と私は考えています。

その証拠になるかもしれないものを挙げておきましょう。この時代には砂鉄からの製鉄は、まだ日本では行われていないとされています。しかし第4章（97ページ）でも書きましたが、卑弥呼の墓ともいわれる八倉比賣神社の近くにある、西日本最大級の矢野遺跡の鍛冶遺構から、壺に入った砂鉄が発見されているのです。

縄文時代からの水銀朱遺跡である阿南市の加茂宮ノ前遺跡の年代から考えると、邪馬台国の人たちは縄文時代から、邪馬台国周辺の四国中をくまなく歩き調べ、若杉山辰砂鉱山を発見したと推測できます。しかし水銀朱だけをより分けて見つけるのは常識的に無理でしょうから、鉄をはじめいろいろな鉱物資源をそのときに発見したと考えられます。

水銀朱などの鉱物資源は、交易には欠かせない、貴重で高価なものです。特に水銀朱は高価で希少なものなので、四国中を探索し、発見された水銀朱や鉱物を採掘し、邪馬台国のあった阿波に運搬したのではないでしょうか。そのためには、相当な人数を必要としたと考えられます。

前に、『賦』とは労役を国に奉納するという意味」と書きましたが、まさにこの労役とは、この貴重な交易品である、水銀朱などの鉱物資源の採掘運搬作業のことだったのではないかと考えられます。

四国山上に広がっていた、邪馬台国

四国の山々は、先にも述べましたが4本の断層帯と連山が東西に延び、四国の東の端から西の端まで、尾根道がほぼずっと貫いています。この尾根道は、山と山の山頂同士が、ほぼ直線で東西になだらかにつながっています（図58）。

そこで、くねくねと谷に沿って歩くよりも時間も相当短縮できるのです。それは、まるで雲の上の高速道路のようなものです。

剣山の山頂を検索してみていただければ、その情景が想像できると思います。ぜひご覧ください。

以前、忌部の三木ご当主とお目にかかったときに、ご当主も話されていましたが、昔は三木山から尾根伝いに、どこでも行けたということです。それほど、阿波、四国の山上ルートは発達していたと考えられます。

図58

ということは、四国中で採掘された鉱物資源は、この山上に張り巡らされた自然の「山上高速道路」で阿波まで運ばれていたのではないか。

先に紹介した四国にある、おびただしい数の鉱山跡は、そのほとんどが吉野川の流れる、中央構造線南岸の三波川変成帯の山中にあります。ここからは少し登れば尾根伝いに行けますので、あとは尾根道を使い、簡単に物資を阿波まで運べます。

また、尾根道には距離を短縮できること以外にも、実は最大の利点があるのです。それは、簡単に言いますと、尾根より上には人がいないということです。

江戸時代の戦を考えればわかりますが、攻撃は上から下に行われるのが基本です。下から上には攻撃しにくいのです。

また切り立った山の頂上ルートなので見通しがきき、尾根道は最大で安全な「防御された道」でもあるのです。鉱物資源という貴重な宝物を運ぶには、これほど恵まれたルートはないということです。

邪馬台国とは阿波（徳島県東部）を中心に、四国中央部から北部（徳島県、愛媛県と高知県の山間部）にかけての山上全域を網羅する、四国一円に広がる巨大な国だったことは、ここまで読んでいただければ、ご理解できると思います。

四国山上地帯の、各地の鉱山に駐屯していた人たちは、その山上で破砕帯（断層の一つ）に溜まった多量の湧水を利用して、食料を自給で確保しながら山上耕作を行っていました。そして鉱山から採掘をしたものを、都である阿波まで尾根道を使い運んでいたのでしょう。

とすると、邪馬台国7万戸35万人は、四国山上部全体に広がっていた、鉱物資源確保の高地性集落も含まれると考えられます。阿波中央部と合わせれば、全然推定可能な人数と思われます。

現在でも四国山間部には、他県とは違い、無数の高地系集落が点在していることで有名です。これは、邪馬台国時代から現代まで続く、なごりなのかもしれません。

詳しくは、越智正昭著『サイエンスで読み解く古代史ミステリー　最終結論　邪馬台国は阿波だった！』（リベラル社）を一読してみてください。

また、邪馬台国と考えられる四国山間部の領域は、国生み神話で最初に生まれた大八島の中で、高貴な「ヒメ・ヒコ」という文字がつく、特別な三か国（県）でもあります。つまり、愛媛（愛《え》比《ひ》売《め》）・香川（飯依比古《いいよりひこ》）・徳島（大宜都比売《おおげつひめ》）です。

これを見ても、やはり、**伊勢神宮に祀られる最も高貴な神である大宜都比売の阿波を中心に、最初の国（香川、愛媛）が始まり、そこから勢力を別け、拡大して日本国になっていった**という、私の説の一つの根拠にもなるのではないでしょうか。

この邪馬台国は、縄文時代の遺跡から見ても、邪馬台国と呼ばれるより前の時代から、四国山上の鉱物採掘集落で人々が生活をしていたことになります。そうなれば、食べ物に関しても、平地よりも温度の低い山上で確保していたことになりますが、はたして年間を通じて生活ができたのかが疑問になってきます。

そこで考えられる食物が、阿波国の国名の由来にもなった「粟《あわ》」です。粟は、もとは中央アジアの高緯度地域が原産なので寒冷に強く、生育期間も3～5か月と短いため、高地でも栽培することが可能なのです。

また粟は、非常に栄養価が高く、精白米と比較すると、食物繊維は約7倍、マグネシウムは約5倍、鉄は約6倍、カリウムは約3倍の量が含まれています。この山上地帯もそうですが、耕地面積の少ない阿波の主食は米ではなく、相当長い期間、粟だったのではないかと考えられます。

そこで、邪馬台国の後につけられた国名も、粟が主食だったので「粟国」となったのではないでしょうか。

第8章　歴史から消された阿波古代史

馬の登場で邪馬台国の構造変革が起こった

魏志倭人伝等に記された邪馬台国の話は、西暦248年に卑弥呼が亡くなり、次に宗女・壹与《とよ》が女王に就いたところで終わります。それは3世紀後半の話です。

その後、中国の正史に日本の歴史が登場するのは5世紀になってからで、この間の4世紀、つまり約150年の間に邪馬台国からヤマト王権に変わるのですが、文献には一切残っておらず、この間の歴史がわかっていません。これが俗に言う「空白の150年・空白の4世紀」です。

この間にいったい何があったのでしょうか。阿波が邪馬台国で、その阿波から産出していた水銀朱や鉱物で大陸と交易をしていたのであれば、逆に大陸から邪馬台国に運ばれた主力品は何だったのでしょうか。

水銀朱は、前に書いたようにこの時代では金よりも高価だったといわれていますので、相当価値の高い物だったと推測されます。水銀朱に匹敵する高価な交易品とは何だったのでしょうか。

この時代に、大陸から持ち込まれたもので、最も高価で貴重な物といえば、それはおそらく馬でしょう。馬は、大陸や朝鮮半島では運搬用や乗用動物としてとても重宝されていましたが、朝鮮半島から船によって移送するのは大変難しかったようです。

そのことからも、馬が相当高価だったことが想像できます。日本では4世紀に奈良県で日本最古の馬具が発見されていることから、馬は空白の4世紀に持ち込まれ、その後日本全国に急速に繁殖していったことがわかります。

馬が持ち込まれてからわずか100年後の5世紀には、九州から東北まで馬の痕跡が至るところで見つかっていることからも、相当数が持ち込まれたことが想像できます。しかしそれだけ高価だったと考えられる馬を、数多く日本に持ち込むときには、価値の高い水銀朱との交換だったのではないか。

3世紀後半に書かれた魏志倭人伝には、邪馬台国には馬はいないと記されています。しかし馬は4世紀に持ち込まれますので、魏志倭人伝完成後の空白の4世紀に輸入されたことは明白でしょう。また、馬が邪馬台国に導入されることによって邪馬台国には大改革が起き、それまでの社会システムが大きく変化するのです。

それまで人の力で行われていた鉱物の運搬が、馬に取って代わるということです。これにより一度に大量に運べるようになりましたし、馬に乗ることによって、人々の行動半径も見違えるように広がったと考えられます。

雲の上のどこまでも続く尾根道に延びた天空の一本道を、馬で走る姿を想像してみてください。また何よりも、鉱物の運搬や、人の移動に馬を使えるということは、邪馬台国に大きな構造変革を起こしたと考えられます。

それは、四国山上の各地の鉱山で、駐屯採掘の労役に就いていた人たちの数を大幅に減らすことができたということです。自動車がなかった江戸時代と、車社会の現代を見ればわかりますが、江戸時代に飛脚や北前船に従事していた人が、近代になって要らなくなったように、4世紀の馬導入後の邪馬台国には同じことが起こったでしょう。つまり、大勢の人たちによる運搬の労役が、必要なくなったのです。

ですが、労役をせずに自給で生活ができるほど阿波には耕地はありません。その人たちに次に与えられた労役は何だったのでしょうか。

阿波忌部の日本各地への進出は開拓・開墾が目的だったか

四国各地の鉱山に駐屯していた人たちは、おそらく都である阿波に戻ってきたと思いますが、先に書いたように阿波には大勢の人たちを養うための穀物を作る耕地は僅かしかありません。またこの頃、日本では急速に水田稲作が広まりますが、阿波にはもちろん水田用地もほとんどありません。

おそらくこの人たちの新たな労役とは、各地の開拓・開墾だったのではないでしょうか。たとえば今日よく言われる、**「阿波忌部の日本各地への進出」も、開拓・開墾が目的だったのではないか**と考えられます。

阿波忌部は、第3章の麁服《あらたえ》調進の箇所で話しましたが、実は阿波から日本各地に進出した痕跡が至るところに残っています。阿波忌部、安房忌部、出雲忌部、紀伊忌部、讃岐忌部、筑紫忌部、伊勢忌部、越前忌部、備前忌部など各地に忌部の足跡がありますが、忌部氏を調べてわかるのは、各地方の忌部をたどっていくと、ほとんどが阿波忌部に行き着くということです。

麁服調進などを見てもそうですが、阿波の忌部にはいろいろな話や伝承が残されていますが、その他の各忌部には詳細な話はあまり残されていないのです。そして、各地方忌部をたどっていくと、ほとんどが阿波忌部に行き着きます。

たとえば島根県那賀《なか》郡三隅町（現・浜田市）に、式内社の大麻山《たいまさん》神社があります。ご祭神は、天日鷲命《あめのひわしの》・猿田彦命・大麻彦命で、889年に徳島県にある大麻比古神社と忌部神社の二社を勧請して建立されたと大麻山神社の社記に書かれています。つまり阿波からここに持ってこられたわけです。

この神社の元宮である阿波の大麻比古神社（徳島県鳴門市）は、阿波忌部の祖神である天日鷲命を主祭神とする、阿波国一宮の式内社です。そして、島根県の大麻山神社がある島根県那賀郡三隅地方には、「阿波国から大麻比古命に率いられて忌部族が移住してきた。大麻比古命は海を馬で渡り、山を舟で行った。大麻山に入った大麻比古命は周辺の小野の原に住んでいた小野族めがけ岩を投げつけて追い払った」という伝承が残っています。

ちなみに阿波の大麻比古神社の麓には萩原墳墓群があり、奈良のホケノ山古墳よりも古い日本最古の前方後円墳と、第4章（92ページ）で紹介した萩原2号墓がここにあります。もしかしたら実在した天日鷲命・大麻彦命のモデルが眠る古墳なのかもしれません。

また、古語拾遺（807年）に、勾玉作りを司ったと書かれている出雲忌部のいた島根県松江市には、式内社の玉作湯《たまつくりゆ》神社があります。この神社には、勾玉作りをしていたことがわかる「出雲玉作《たまつくり》跡《あと》」があり、国史跡に指定されています。

なお、島根県松江市の辺りは『出雲国風土記』でも忌部の管理下の地であったと比定されています。勾玉作りには玉を削り曲面を作る削り石が必要ですが、ここから出土する削り石は、阿波の吉野川の結晶片岩の青石と、同じく吉野川の紅簾《こうれん》片岩の赤石なのです。

阿波忌部が行った最も有名な開拓は関東開拓だった

これらのことからも、各忌部の祖はすべて、阿波から開拓に旅立った人たちだと考えられます。中でも阿波忌部が行った最も有名な開拓は、関東開拓です。

古語拾遺によりますと、阿波忌部は、阿波から黒潮ルートで房総半島へ到達し、関東一円を開拓していったと書かれています。

千葉県南部は701年の大宝律令で、安房《あわ》国と呼ばれるようになりましたが、それ以前は漢字もまったく同じで、阿波国でした。つまり、**千葉県に阿波国があった**のです。

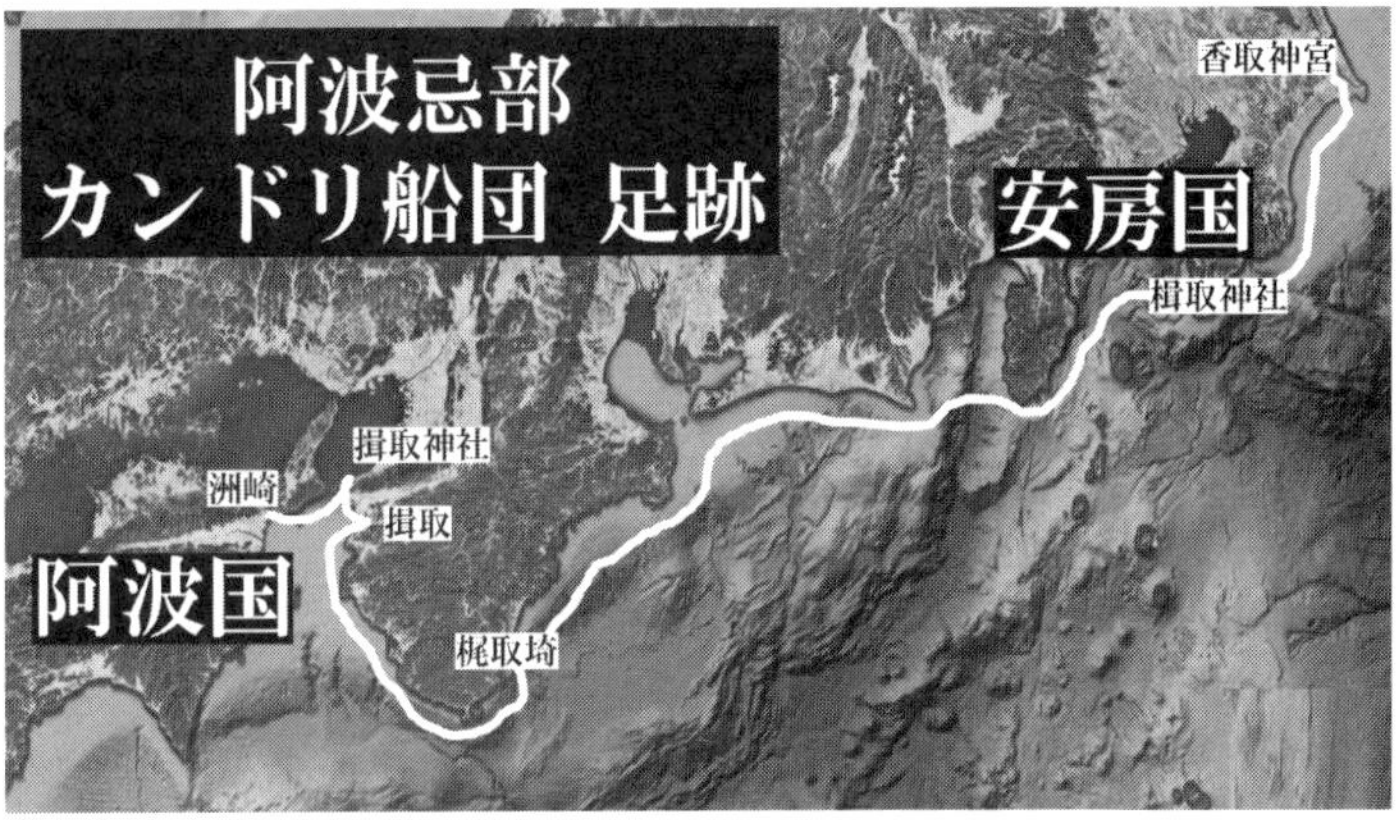

図59

また安房国の隣には、長狭《ながさ》国がありましたが、これも、四国阿波にあった阿波国と隣の長の国とほとんど同じ名前です。

さらに、阿波から房総半島までの忌部の痕跡を追うとおもしろいことがわかります。阿波忌部は阿波の大麻山の南部の吉野川の洲崎という場所からカンドリと呼ばれる船で開拓をするために出港したといわれています。カンドリは航海の楫取《かじと》りの意味です。

またカンドリとは、阿波忌部船団の呼称でもありました。現在もカンドリ舟という名前は、阿波吉野川でアユを取ったりする小舟の名称として残っています。

吉野川の洲崎から出航した忌部のカンドリ船団は、紀伊水道対岸の和歌山市紀ノ川下流に着いたと考えられ、ここには梶取《かんどり》という地名が現在も残っています。ここからもう少し北部の大阪府阪南市には同じ意味と思われる揖取《かじとり》神社があります。

そして、紀伊半島南部の和歌山県東牟婁《むろ》郡太地町《たいじちょう》にも梶《かん》取崎《どり》という名前が残っています。さらに東の千葉県の安房国の先端部にも、楫取《かじとり》神社があります（図59）。

さらに、そこから海岸線に沿って東へ北上すると、伊勢、鹿島と並び、平安時代に三社だけ「神宮」の名を許された香取神宮があります。お気づきと思われますが、香取神宮の「カトリ」の名は阿波のカンドリ船から来ているものと考えられます。

この香取神宮の第一摂社は阿波忌部の祖神、天日鷲命を祭神とするという説がある、側高《そばたか》神社（香取市）です。このことからも、阿波忌部がカンドリ船でこの地を開拓したことがうかがえるのです。

第4章（95ページ）で「天女（豊受大神）と暮らした人物（氏族）の『阿波のワナサヒコ』は、徳島県海部郡から島根出雲、そして丹後半島に進出した人物であったと理解できます」と書きました。これも阿波から日本海側に進出した阿波忌部の物語の一つなのです。

阿波の人たちが奈良に新都を作った

開拓開墾のために阿波から発った人たちのほとんどは紀伊水道を渡り、紀伊半島に入ったと私は考えています。その理由は、阿波の吉野川流域は日本でもまれなほど、東西に一直線に流れる大河の流域です。そのために太陽の日照時間が最大限に長く、日照時間の長さにおいては農業耕作にこれほど適した地形はないからです。

対岸の紀伊半島には、同じく紀の川があり、地図を見ればわかりますが、紀の川は吉野川と一直線につながり、やはりここも東西に一直線に流れる大河なのです。

開拓者たちは、最初に阿波の吉野川流域に上陸して開拓開墾をし、やがて紀の川を東へ東へと上って奈良に入ったと考えられます。この頃の奈良は現在の奈良市に縄文時代後期まで存在していた「古奈良湖」が干上がり、水田に最も適した大平原になっています。

阿波からでも海路ですぐに行けるので、開拓・開墾をするにはこれほど適した土地はありません。おそらくこの頃の奈良にも先に移住していた人たちがいたでしょう。

前にも書きましたが、この辺りには渡来人が多かったと考えられます。おそらくその渡来人たちは開拓に来た邪馬台国の人たちに取り込まれ、渡来人の進んだ技術を提供し、開拓の一端を担ったと思われます。

そのため、その後に渡来系の秦氏や東漢氏《やまとのあやうじ》などの有力な豪族が、奈良のこの辺りから現れるのでしょう。こうして時が少し流れ、新都市のモニュメント的に造られたのが、現在畿内説で邪馬台国ではないかといわれている、纏向《まきむく》遺跡だと考えられます。

纏向遺跡は、様々な地方の土器が多数出土している大集落遺跡ですが、水田跡や住居跡などは発見されていません。そこで、この場所に定住していた人はほとんどいなかったのではないかといわれています。

また纏向遺跡にある有名な箸墓古墳は、別名を「大市墓《おおいちのはか》」といいます。これはここに大きな市が開かれ、大勢の人が日本各地から集まっていたからだと考えられます。

ここには計画的な都市建設がなされていた痕跡がありますが、集落を外敵から守る環濠はありません。環濠がないということは、すでにこの周辺は平定されていたということでしょう。

私には、圧倒的な力を持っていた邪馬台国の勢力がこの場所を一気に平定し、地方の国からも人が集まるほどの新都を造ったとしか思えません。そのようにして時が経ち、5世紀頃には邪馬台国は、倭《やまと》と呼ばれるようになったのでしょう。

新都市の奈良は、倭から分かれて大きくなった国なので「大きな倭」の意味で「大倭《おおやまと》」と呼ばれるようになったと考えられます。現に奈良県の最初の国名は大和ですが、その字は「大倭」から変化した字なのでしょう。

阿波が白鳳地震で壊滅した後、奈良に大移住したか

しかし、年月が経つと、元は阿波の邪馬台国から派生した国であったはずの大倭も力をつけていきます。大水田地帯の奈良には、大勢の人たちが住み、阿波から派生した国というよりは、独立した国のようになっていたと考えられます。

そんな2重拠点の時代が長く続き、氏族、豪族や大衆も、阿波と奈良を行ったり来たりしていたのではないでしょうか。

平和な時間が長く続いた後の西暦684年、倭（阿波）から、大倭（奈良）に、完全に遷都（天皇が移る）する決定的な出来事が起こります。それは、西暦684年に起きた、日本書紀にも記される南海トラフ白鳳《はくほう》地震です。

この白鳳地震は日本書紀に残される我が国で最初の大地震で、その被害はとても甚大でした。日本書紀には、「国中の男女が驚いて叫び惑った。山体は崩壊し、川の水はあふれ、諸国の官舎と、農民たちの家や蔵、寺院、神社など、倒壊した建物は数え切れない。多くの人たちが死傷した。そのとき、伊予（愛媛県）の道後温泉が埋没し温泉が涸れてしまった。土佐の国（高知県）では、田畑五十余万が地盤の沈下により海となった。大津波が来て、船が多く流失してしまった」（筆者による現代語訳）と書かれています。

特に四国の愛媛と土佐の被害について詳細に書かれています。しかし不思議なのは、日本の中で四国についてだけ詳細に書かれているということです。

まるで四国のどこからか、この被害を見て書いたかのような描写なのです。もっと不思議なのは、同じ四国なのに、それも吉野川という広大な河川と扇状地を持ち、津波や地震の被害が最も大きいと予想される阿波の被害記録は書かれていないのです。

そしてこの地震の10年後の694年に、前章で書いた、**人口3万人、約5㎞四方の巨大都市の藤原京が忽然と出現する**のです。また、そのわずか16年後に、この藤原京から近くの平城京に遷都しますが、平城京の人口は、藤原京の3倍の10万人に達します。

図60

藤原京以前の奈良にはそれほど多くの人口がいなかったことは、その痕跡からも確認できています。この人たちはいったいどこから来たのでしょうか。

考えられるのは、**かつて邪馬台国と呼ばれた倭国の首都である阿波が白鳳地震で壊滅し、その阿波の人たちが、天皇も含め、そのほとんどが、もう一つの拠点であった奈良に大移住（遷都）したのではないか、**ということです。

しかしそれが真実であるならば、白鳳地震からたった10年後に、奈良に約5㎞四方の、天皇の住まわれる巨大都市を建設したことになります。しかし5㎞四方の巨大都市を造るのに、どれだけの木材を切り出さねばならないかを想像してみてください。

現代でもたった10年で5㎞四方の都を建設するのはとても困難を伴います。重機も何もないこの時代に、たった10年で3万人規模の巨大都市を造ることは、資材や物資の面でもほぼ不可能かと思います。しかし現実に、藤原京は完成しています（図60）。

藤原氏は壊滅した阿波のすべてを封印し、なかったものとした

このように不可能を可能にするには、壊滅した阿波に残っていた木材などの資材や物資のすべてを、移住するとともに奈良に移設したからとしか考えられません。ところがのちに編纂される日本書紀に書かれた白鳳地震には、阿波のことは一切書かれていません。

これは神の住まわれた皇都・阿波が壊滅したことを、後世や国の内外に隠すためだったと考えられます。なぜ隠したかについては、例えていえば太平洋戦争時の「大本営発表」と同じです。

劣勢だった日本軍は、劣勢だとばれると国内から不安と反感の声が出るのを恐れ、国内には「連戦連勝！」と偽りの報道をし、国民を鼓舞し続けたのです。神々から始まる日本の発祥地が地震で壊滅したとなれば、神から続く天皇の皇統にも影響したでしょう。

また首都が壊滅したならば、どこかの国から攻められる可能性まで出てきます。そこで記紀等には書かなかったのでしょう。

さらに、白鳳地震の被害状況だけではなく、前にも述べたように阿波のことは、記紀などの歴史書には国生み神話で触れた後は一切書かれていません。

奈良大倭で実権のすべてを握っていた藤原氏は、日本を守るために、どうするのが最善かを考えたと思います。その結果、**壊滅した阿波のすべてを封印し、阿波をなかったものとした**のでしょう。

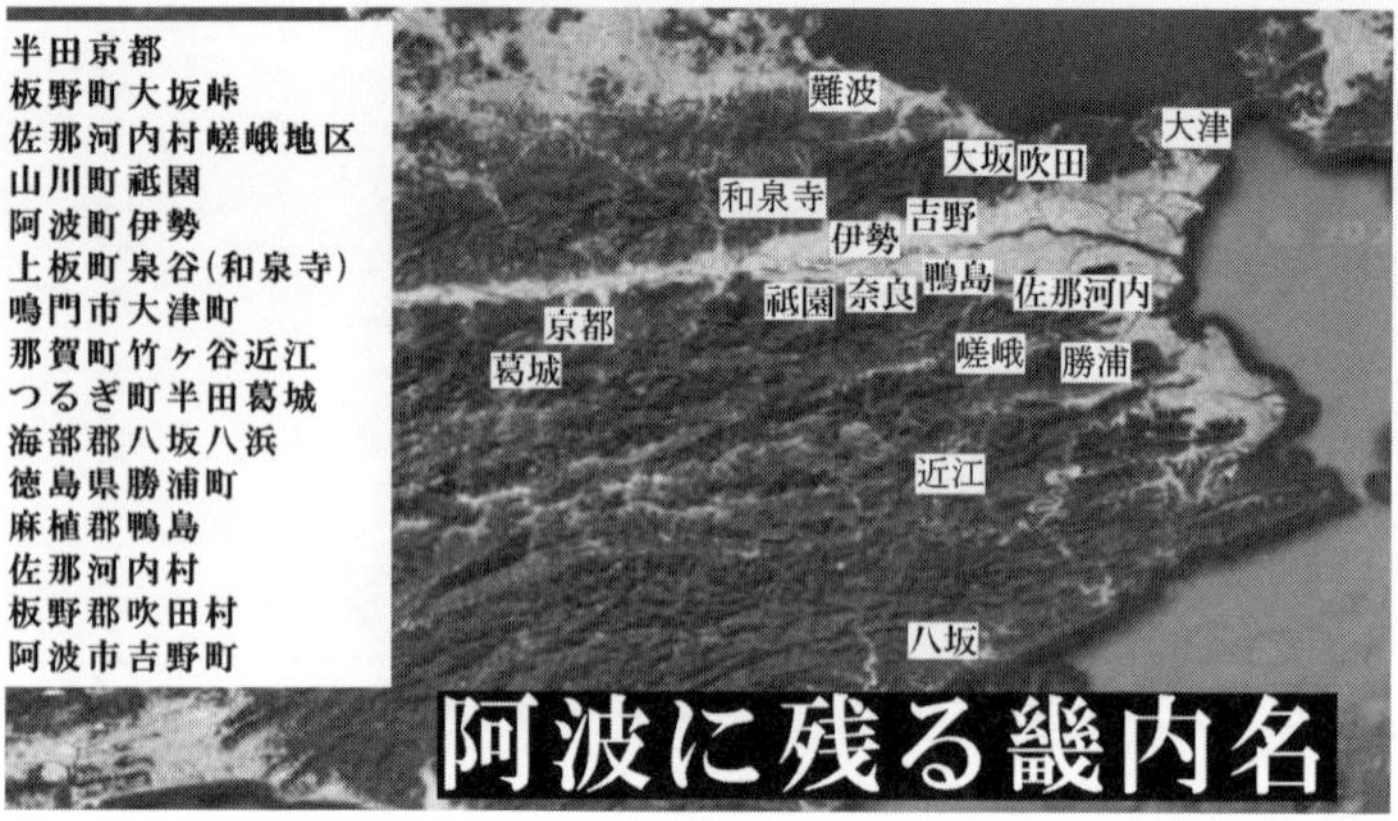

図61

そして阿波にあった日本国の神話や歴史のすべてを日本各地に遷したのでしょう。たとえば、**阿波の出雲を島根県に、阿波の日向の高千穂を宮崎県に、阿波の建国の地を奈良県にと、神の国だった阿波を大きく日本中に拡大して、日本国すべてを神の国として大きくした**のでしょう。そうやって、皇都は健在であることを内外に知らしめたのだと考えられます。

奈良・京都・大坂・嵯峨・祇園・伊勢・難波・和泉・飛鳥・大津・近江・葛城・八坂・山崎・勝浦・鴨・河内・吹田・吉野——これらは、現在も阿波にある地名です。阿波にあったこれらの由緒ある地名も、このときに畿内に遷したと私は考えています（図61）。

そして、**それまでの真実の歴史を消すために、すべての書物を焼き払い、阿波の存在を消し、新たな歴史を上書きして記紀を編纂し、我が国最初の書物にしたもの**と考えられます。

よく藤原氏は自分の氏族を有利にするために、記紀等に手を加えたと言われますが、私はこのときの藤原氏による日本を守るための英断によって、現在まで続く世界最古の日本国があるのではないかと思っています。

倭国と日本国は違う国と正史に書かれている

白鳳地震が起きてから250年後に当たる945年、中国で魏志倭人伝と同様に正史とされる旧唐《くとう》書《じょ》が完成します。すでにこの頃には大陸や国内また宮中においても、過去の皇都であった阿波のことはほとんど忘れられていました。250年前に藤原氏により行われた、空前の大策略が完全に成功を収めていたわけです。250年前の出来事を、書物も書き換え、話すことも禁じてしまえば、歴史は簡単に書き換えられてしまうのです。

旧唐書の内容を要約すれば、「日本国と倭国は別の国で、日が昇る国なので日本と名付けられた。なぜ倭国から日本に改名したのかは、はっきりとはわからない。古くは日本の方が小さな国だったが、やがて大きくなって倭国を併合したとも言う」となります。

この文章ですが、阿波が倭国で、奈良が日本だと読み変えれば、すごく合点がいきます。つまり、**「奈良と阿波は別の国で、日が昇る国なので奈良は日本と名付けられた。古くは奈良の方が小さな国だったが、やがて大きくなって阿波を併合した」**と読み替えると私の主張とぴったり同じになります。

「日本国」という国名は、701年の「大宝公式令」で初めて定められたことになっています。この日本国とは、現在我々が認識する、我が国の名前である「日本」というよりも、最初は天皇の住まわれた奈良を中心とした地域の国名だった可能性が高いと私は感じています。

たとえば、この頃の九州は「日本国の筑紫」ではなく、「筑紫国」だったと思うからです。最初は奈良周辺のヤマト王権のお膝元を日本国と呼んでいたのではないでしょうか。

その後、ヤマト王権の力が増し、国全体を完全に平定することによって、国名として日本と呼ぶようになったのではないか。もしそうであるならば、奈良は阿波から見れば東になり、「日が昇る国なので日本と名付けられた」という言葉も納得できます。

「漢委奴国王の金印」が本物である証拠

これとは別に、旧唐書には、倭国についてこうも書かれています。「倭国はいにしえの倭奴国のことである」と。

つまり、倭国はもともと「倭奴国」と呼ばれていたということですが、倭奴国といえば、「漢委奴国王の金印」を贈られた倭奴国のことになります。

では魏志倭人伝の行程の章（121ページ）でお話しした、私が「漢委奴国王の金印」が本物と考える根拠をここで書いてみましょう。

旧唐書には、「倭国はもともと、倭奴国である」と書かれていますが、ここで言う倭国は邪馬台国のことです。前にも書きましたが、邪馬台国は、「親魏倭王の金印」を贈られていますが、これは水銀朱交易を行う大事な国だったために、魏の国から最高位の金印が贈られたのではないかと考えられます。

そして卑弥呼に金印が贈られる200年も前の西暦57年に、後漢の皇帝・光武帝（在位25〜57）から金印を贈られたのが倭奴国です。卑弥呼の時代よりも200年も前に何の理由で、中国の皇帝が最高位の金印を倭奴国に贈ってきたのでしょうか。

倭奴国にも金印が贈られているのは、漢の時代には倭奴国が貴重な水銀朱を交易する相手国だったからではないか。その当時、水銀朱は阿波若杉山辰砂鉱山からしか産出されていません。

つまり、**倭奴国は邪馬台国の古い呼び名であり、金印は2回とも国名が変わっただけで、水銀朱交易を行う、同じ国に贈られた**ということだと思われます。旧唐書に「倭国はいにしえの倭奴国」と書かれている通り、邪馬台国の昔の名前が倭奴国だったのでしょう。

阿波は国生み神話でも書きましたが、その昔は伊予の二名嶋の伊の国でもありました。そしてその伊の国の阿波は、阿波国の中で二つの国に分かれています。

一つが北部の吉野川周辺の「粟の国」で、もう一つが南部の那賀川周辺の「長の国」です。

前項で書きました「長の国」は、安房国の隣の長狭国のもとになった国です。この長の国は、阿波南部にある水銀朱鉱山の若杉山がある国なのです（図62）。

阿波の遺跡のところで話しましたが、阿波はもともとこの若杉山水銀朱鉱山のある南部の長の国か

図62

ら発展しているのです。

つまり邪馬台国の前の時代は、邪馬台国は南北に分かれており、南の「伊《い》の長《な》の国」に水銀朱があったのです。この**「長の国」こそが、金印を贈られた「倭奴国」**なのです。

この水銀朱鉱山の所有権を争って、台頭してきた北部山側の「粟の国」と、元国の「長の国」が争いを起こします。**この戦こそが、魏志倭人伝では倭国大乱と書かれ、記紀では国譲り神話として描かれていると**私は考えています。

長い戦の末、やがて話し合いで祭祀王であった卑弥呼を擁立し、**北の粟の国と南の長の国は融合して、阿波の邪馬台国になったのではないか。**また、その証拠の一つとして、魏志倭人伝と同じく、中国の正史である後漢書の奴国について書いた箇所には、「倭奴国は倭国の極南界なり」と書かれているのではないか。

つまり倭奴国は、倭国（邪馬台国）の最南部ということです。南の長の国が倭奴国であるならば、まさにその通り、倭国の最南部になります。

そして、福岡県志賀島で発見された「漢委奴国王」の金印が本物である根拠ですが、それは金印に彫られてある文字です。「漢委奴国王」の金印に彫られた文字は、「漢の倭《わ》」ではなく、見ればすぐわ

図63

かりますが、「漢の委《い》」となっているのです（図63）。

この時代の漢字は、書き手によって様々な字を使います。これは書き手が、伊《い》の字を委《い》と書いたものと思われます。それに江戸時代の人は、中国の正史から日本のことは、倭や倭国と呼ばれていたことは認識しています。ですので、もし江戸時代に作られた偽物ならば、「漢委奴国王」ではなく「漢倭奴国王」と彫っているはずなのです。

それなのに「漢委」と彫られているということは、イノナノコク（伊の長の国）であったことを知っていた、漢の時代に彫られた金印ということになるのです。

つまり、邪馬台国の前の時代には、邪馬台国の伊の国は南北に分かれており、南の「伊《い》の長《な》の国」に水銀朱があったのです。そして、この「伊の長の国」に、漢の時代に「漢委奴国王」の金印が贈られたということです。

だからこそ、「漢委奴国王」の金印が本物であると言えるのです。

第9章　徐福や呉の人々や古代ユダヤ人が邪馬台国を造った

古代中国の人々が阿波で水銀朱による葬送儀礼や祭祀を行った

ここまで読まれて、阿波こそが邪馬台国だったのではないかと思われた方も少なくないと思います。

では古代の日本で、その邪馬台国を造ったのはどんな人たちだったのでしょうか。その点を考える際、この本で幾度となく取り上げている水銀朱に、大きなヒントがあると思っています。

古代中国で見つかった水銀朱関連遺跡の最古の遺跡は、1957年に発見された、河南省の古代都市である、洛陽の近くの二里頭《にりとう》遺跡です。ここからは水銀朱（辰砂）を敷いた玉器などが発見されています。

この遺跡は今からなんと3500年も前のもので、その頃は中国最初の王朝と言われる殷（商とも言う）の時代にあたります。日本では縄文時代晩期の頃で、邪馬台国の時代からさらに1800年も前です。この時代の縄文遺跡の有名な出土物に、遮光器《しゃこうき》土偶があります。

つまり、中国では、日本の縄文時代からすでに水銀朱を用いていたということです。

第4章（90ページ）で紹介した、徳島県阿南市にある加茂宮ノ前遺跡を思い出してください。加茂宮ノ前遺跡は縄文時代後期から弥生時代中期の遺跡で、水銀朱の生産拠点としては、国内最大かつ最古級の遺跡です。

ということは、中国で最初に水銀朱が用いられた時期とほぼ同じ頃には、日本でもすでに水銀朱を扱っていたということになります。

そこで可能性として考えられるのは、まず中国で水銀朱が発見された。その後、中国の人たちが日本に渡来し、中国で得た水銀朱の採掘知識を使って阿波で水銀朱を発見したのではないか。もしくは阿波で水銀朱を発見採掘していた人たちが、逆に中国に渡り、中国で水銀朱使用を始めたか。そのどちらかだと思われます。

日本の縄文文明と古代中国の王朝を比較し、その後の文明の進み方から考えれば、やはり水銀朱に関しては中国からの渡来人によって水銀朱の知識が日本に持ち込まれたと考える方が自然だと思います。

中国では、卑弥呼の時代よりも数百年も昔から、高貴な人の葬送儀礼や祭祀などに水銀朱が使われています。邪馬台国でも、古代中国とまったく同じ扱い方で水銀朱が使われていたのです。

ここから、古代中国で水銀朱の価値と扱い方がわかっていた人たちが渡来し、阿波で水銀朱を発見して古代中国と同じように、水銀朱による葬送儀礼や祭祀を行ったと考えるのが最も妥当でしょう。

しかしそうであるならば、考えなくてはならないのが、その渡来してきた人たちの人数です。

たとえば大陸から少数の人が渡来し、九州や日本海側にたどり着き、そこから阿波に入り、水銀朱を偶然発見したという事態は考えにくいです。何年もかけ、大勢の人数を使って水銀朱を探求しなければ、日本中の山の中から水銀朱を発見することなどできないと思うからです。

おそらく百人単位、千人単位の大きな一団で渡来し、幾世代もかけて取り組まなければ、水銀朱の発見や文明の移転は起こらないのではないか、と考えられます。

邪馬台国の礎を築いたのは徐福か

「百人単位、千人単位の大きな一団で渡来した」と聞いて思いつくのは、秦の時代に始皇帝から不老不死の仙薬を探せとの命令を受け、紀元前２１９年に中国大陸から日本へ渡来したとされる徐福です。

中国の正史『史記』には、徐福は日本に2度渡来したと書かれています。最終的には五穀の種子と進んだ農耕機具を船に載せ、技術者や未婚の男女等、総勢３０００人もの大集団を引き連れて渡来したとされています。

しかし徐福は秦には帰らず、日本に留まったとも書かれています。徐福が渡来したという伝承が残る場所は日本各地に20か所以上もあります。

３０００人の大集団といえば、一隻に50人が乗船したとしても、60隻の大船団になります。通信手段も動力もないこの時代では、沈没したり難破する船も当然あったと考えられます。

無事にたどり着いた人たちも、日本中の至るところにバラバラに漂着したのではないでしょうか。また3000人の大集団でやって来たというのは、バラバラになってしまうことを見越しての大集団だったのかもしれません。

いずれにせよ、持ち込まれた物や、3000人もの先進文明の人たちが来たことを考えると、**この人たちが邪馬台国の礎を築いた可能性が高い**と思われます。しかし、いつの時代だったかを見ると、徐福渡来が紀元前219年で、阿波の水銀朱遺跡はそのはるか前の縄文時代ですから、年代が合わないことに気づきます。

呉の国が滅びた後に逃げ延びた人たちが渡来した

実は、**徐福渡来よりも前の時代に、中国から渡来したと考えられる大集団がいる**のです。魏志倭人伝より成立が早く、魏志倭人伝の原典（手本）とする説のある『魏略』という文献があります。

この魏略に、魏志倭人伝には記載されていない一文があります。「自謂太伯之後」です。現代語訳すると、「倭人は自ら太伯の子孫と言っている」という意味になります。

この太伯とは、紀元前1100年ぐらいに中国の周王朝の礎を築いた古公亶父《ここうたんぽ》の長男とされる人物です。彼は王位を弟に譲り、南に逃れ、のちに「呉《ご》」の国を興した人物です。

この呉の国は、三国志に登場する呉（222〜280）ではなく、中国春秋時代の古い呉（紀元前

585年頃～紀元前473年）のことです。

紀元前473年に呉国は宿敵の越国《えつ》により滅ぼされます。ちなみに仲の悪い者同士が一緒にいることや、敵同士でも共通の目標で協力するときに用いられる有名な故事に、「呉越同舟」があります。この故事はこの呉国と越国のことを言っています。

この呉の国が滅びたときに逃げ延びた人たちが大挙して日本に渡来してきたということは、「古の日本（倭）の歴史」（藤田泰太郎［京都大学農学博士］著）という論考にも書かれている通り、現在では定説とされています。

1999年の江南人骨日中共同調査団（山口敏団長）の研究結果で、中国江蘇省の梁王城遺跡の「百越人《ひゃくえつじん》」と呼ばれる、弥生時代の人骨の歯から抽出したミトコンドリアDNAの一部が、福岡県筑紫野市の隈《くま》・西小田遺跡の甕棺墓《かめかんぼ》に眠る人骨のDNAと一致したと発表されています。つまり、中国江蘇省で発掘された百越人の人骨が、福岡県で発掘された人骨と同じ部族のものであることが証明されたのです。

甕棺墓は、中国大陸と朝鮮半島南西部、九州北西部だけで特に多く発見されている埋葬墓で、このことからも、これらの人々はみな中国からやって来た同系の種族と考えられます。紀元前1100年という年代からも、呉から渡来した可能性が最も高いと考えられます。

縄文時代の約1万年間に、数千人～30万人の間を動いていた日本の人口は、弥生時代に約8倍も増加します。最大の増加原因が、呉の国のときの大陸からの民族大移入なのかもしれません。

この百越人とは、呉、越など長江以南から現在のベトナム北部に至る広大な地域に住んでいた諸族の総称です。日本に大挙渡来した人たちは、DNA的には現在の中国人と違っていることは確かで、このことは歴史学者・鳥越憲三郎の「倭族」という概念で捉えることができます。

この鳥越憲三郎の考える倭族について、少し説明しておきましょう。その昔、大陸には、大まかに分けて畑作中心の黄河文明と、稲作中心の長江文明がありました。

水田稲作もジャポニカ米も、この紀元前1400年頃の長江文明が発祥です。鳥越憲三郎は、この水田稲作を発明した長江文明の人たちを「倭族」と呼ぶことにしたのです。

そしてこの倭族には、共通していた特徴があるとします。

○米を洪水や害虫から守るために考え出された高床式の家に住んでいた
○布の中央に穴をあけて頭を通して着る貫頭衣《かんとうい》を着ていた
○顔（黥面《げいめん》）や体に入れ墨をしていた
○村の出入り口に鳥居を建て、悪霊を封じるためのシメ縄を張っていた

などです。これらが倭族の共通した特徴で、現在でも中国南方から、台湾やタイ、ラオス等の東南アジアの少数民族に、これらの特徴が見られます。

高床式倉庫に穀物を貯蔵し、貫頭衣を着て顔や体に入れ墨をしている姿は、魏志倭人伝が描く邪馬

台国のイメージそのままです。

呉が滅び、日本に渡来してきた人たちは、太伯の子孫が幾代にもわたって呉を治めていたことを知っていますので、当然、呉は太伯の子孫の国だと承知しています。はじめ九州北部に渡来した彼らは、その後、**何年もかけて四国に渡り、やがて阿波で水銀朱を発見し、そこに国を興した**と考えられないでしょうか。

古代中国洛陽の3500年前の水銀朱関連遺跡である二里頭遺跡については前述しましたが、そのもう少し南の湖南省長沙市に2200年前の馬王堆漢墓《ばおうたいかんぼ》があります。これは前漢初期にこの長沙国の宰相を務めた利蒼《りそう》(?~紀元前186年)と、その妻のお墓です。

この馬王堆漢墓からは利蒼の妻のミイラが水銀朱に浸された状態で発見されました。水銀朱による防腐効果は驚異的で、皮膚も毛髪も柔らかいままで、赤い血液も液体のまま残っていました。胃からは未消化の瓜の種まで見つかっています。とても2200年前のものとは考えられない遺体でした(馬王堆漢墓ミイラで検索してみてください)。

このように古代中国では、中国全土の支配層に水銀朱の価値が浸透していたと考えられます。そう考えれば、阿波にやって来た人たちが、水銀朱の価値もその扱い方も知っていたし、水銀朱の採掘知識も持っていたということが納得できます。

また、この呉の国の人たちは国性(苗字)を姫《き》と表記します。前にも書きましたが阿波はその昔、伊《い》の国と呼ばれていました。キとイはとてもよく似た音です。

阿波の人が、「私はキの○○です」と名乗っているうちにキがイになり、「私はイの○○です」になったのではないかとも思われます。

イスラエル国歌に日本が歌われている

渡来人といえば忘れてはならないのが、古代にユダヤ人（ヘブライ人）が渡来し、日本に多大な影響を与えたとする、日ユ同祖論です。紀元前11世紀から紀元前8世紀にかけて、古代イスラエルに存在したユダヤ人国家がイスラエル王国です。

そのイスラエル王国は、ソロモン王の死後、南北に分裂し、北の10部族が北イスラエル王国、南の2部族が南ユダ王国と呼ばれました。北王国は、紀元前722年にアッシリアにより滅ぼされ、北王国の10支族の指導者たちは、捕虜としてアッシリアに連行されました。これを、「アッシリア捕囚」といいます。

捕囚された人数は、アッシリアのサルゴン王の碑文によると、2万7290人とあります。これは北王国滅亡直前の北王国の全人口の約20分の1程度と推定されています。

ユダ族等の残り2支族も、エルサレムを都として南ユダ王国を建国しますが、紀元前586年、新バビロニアによって滅ぼされます。南ユダ王国の指導者たちも、10支族と同じくバビロンなどに捕虜として連行されます。こちらは「バビロン捕囚」と言われます。

その後、彼らは国をなくし、そのまま歴史から忽然と姿を消してしまいます。最初に消えた北王国の人たちが、失われた10支族と呼ばれています。また、ユダヤ人たちとともに消えたのが、ソロモンの秘宝で有名な聖櫃《せいひつ》、失われたアークです。

「契約の箱」を所持していたのは、ダビデの系統に属する南ユダ王国とされています。これは、神との約束で、「契約の箱」はレビ族しか触れられず、このときレビ族は南ユダ王国にいたからです。

消えた彼らはアークとともに東の果ての日本にたどり着いたと言われる逸話が多く残されています。旧約聖書イザヤ書には、「東の果ての日が昇る所で神の栄光が褒めたたえられる」（24章15節）という、大変有名な詩があります。イスラエル国歌の歌詞もそこから採ったといわれています。

〈心のなかにある限り　ユダヤ人の魂は憧れる、そして東の果てに向かって前へ進む、目はシオンを見つめる、我らの希望は未だ失われず二千年の希望　自由な民族になるための私たちの地、シオンとエルサレムの地〉（ユダヤ国歌、筆者による和訳）

この歌詞の解釈については諸説ありますが、歌詞を素直に読み解けば、東の果てのシオンとエルサレムの地とは、日本を指しているという解釈も当てはまるとも考えられます。

古代のユダヤ（イスラエル）から東の果ての日本に行くには、陸のシルクロードと海のシルクロードの二つのルートがあります（図64）。

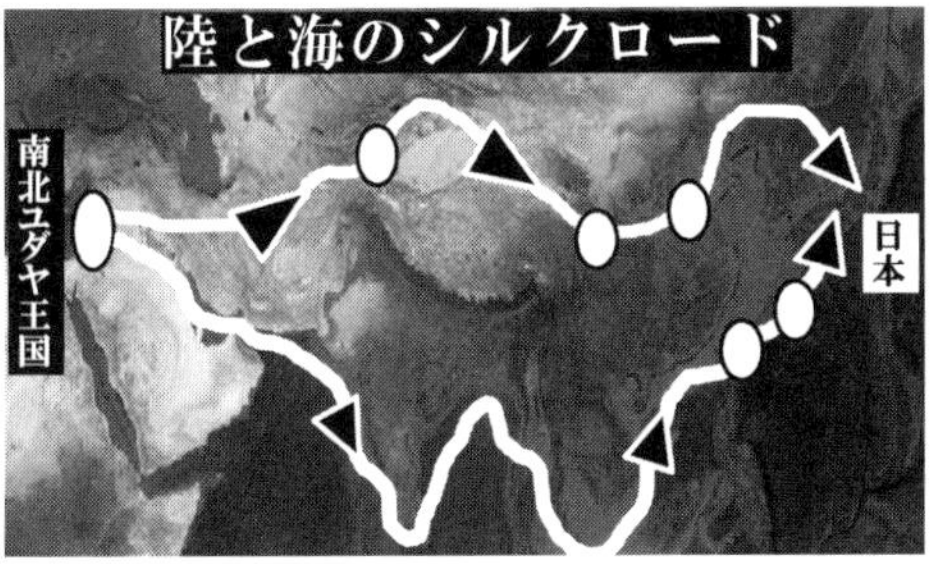

図64

陸のシルクロード上でユダヤの痕跡を探ると、キルギスには、旧約聖書にある「マナセ族」に関する内容とそっくりな「マナス叙事詩」という神話があります。そこには日本人は昔兄弟で、肉が好きな者はキルギスに残り、魚が好きな者は東に渡って日本人になったという伝承があります。

四川省のチャン族には「先祖は西方からやって来た」という言い伝えがあり、ヤハウェという、ユダヤと同じ名前の神を奉っています。河南省の開封という町には、ユダヤコミュニティがあり、紀元前231年にはユダヤ人がいたと記述されています。西暦1世紀の終わりに書かれたヘブライ文書のエズラ書には、失われた10支族はユーフラテスを東に旅し、「東の果ての地」にたどり着いたとも書かれています。東の果ては文字通りに解釈すれば日本ということになると思います。

沖縄に残るユダヤの風習

最初に離散した北王国の10氏族は陸のシルクロードを東に向かったということですが、北王国は、現代の偶像崇拝を許さない一神教のキリスト教ではなく、女神アシュラや、バアル神を崇拝する信仰等もありました。

アシュラは土に立つ枝のない木の幹に女神の彫刻がされるのが普通です。まさにその形状は日本の「柱」です。ハシラはアシュラが語源という説もあり、また日本では神様を数えるときには一柱、二柱と数えます。

柱を崇拝する祭りで有名なのは、長野県諏訪大社の御柱祭《おんばしらさい》です。この祭りはあまりにも有名ですが、長野県では、諏訪大社以外にも無数の神社で御柱祭が行われています。

北王国の10支族は陸路で朝鮮半島までやって来て船で日本に渡り、長野県に根を下ろしたのかもしれません。

次は海のシルクロードです。実はこの頃の海のシルクロードは、交易のために存在していたという説が有力とされています。

ソロモン王の時代、父親のダビデ王のときから仲のよかった海の交易集団フェニキアと組んで、イスラエル王国は世界にソロモンのタルシシュ船団をすでに派遣していました。約3年に1度の派遣で、鉄などの鉱石や宝石等を求めて、東洋や極東の日本にも約半年ほどをかけて来ていたようです。

日本とユダヤは多くの類似点がありますが、いくつか例を挙げれば、

○日本の神社とユダヤ神殿の構造がほぼ同じ

○日本の山伏とユダヤの祭祀の装束がほぼ同じ
○三種の神器がどちらにも存在する
○日本のお神輿《みこし》とユダヤの聖櫃の形状がほぼ同じ
○日本のカナ文字とユダヤのヘブライ語が酷似している

などがあります。また淡路島からは、ヘブライ文字が刻まれた丸石や、ユダヤ支族の支章が入った指輪が2個出土しています（図65）。

他にも数えきれないほどの類似点が存在しますが、海のシルクロードが日本に最初に入ってくる沖縄には驚くべき風習が現在も残っています。

まず沖縄の行事は今でも太陰暦（旧暦）で行われることが多いですが、ユダヤの祭りもすべて太陰暦で行われます。

ユダヤで最も有名な祭りに「過越《すぎこし》の祭」があります。過越の祭は、今から約3500年前に制定された神様の祭りです。

ユダヤの民がエジプトで奴隷生活をしていたとき、ユダヤ人を逃がすため、神様がエジプトに対し災いを起こしました。聖暦1月14日の夜に下された災いは、人であれ、家畜であれ、エジプトの国のすべての初子を亡き者にするというものでした。

図65

図66

この災いを避けるために、ユダヤ人に神様はこう告げました。「聖暦1月14日の夜までに、小羊をつぶし、腰帯を締め、靴を履き、杖を手にし、急いで食べなさい。そして、その血を入り口の二本の柱と鴨居に塗りなさい。その血を見た家だけ、災いは過ぎ越されます」。

これが今日まで続く、ユダヤ三大祭りの一つ、過越の祭のいわれです。ちなみに、入り口の二本の柱と鴨居に血を塗ると、神社の赤い鳥居にそっくりな姿になります。

一方、沖縄には、旧暦の1月14日の大晦日に「トゥシヌユール」という祭りがあります。その日の夜になると、豚やヤギの血を混ぜた炒め物、チーイリチーを祭壇にお供えして食べ、夜明けまで起きて正月を待つ風習です。現在でもこの風習が残っている地域があります。

また沖縄には「カンカー」や「シマクサラシ」などと呼ばれる厄除け・厄払いのための風習もあります。それは家畜の血を家の鴨居や柱に塗ったり、血に浸した木の枝を軒に刺したり、家畜の骨を村や集落の出入り口の上空に吊るして、厄払いを祈る祭りです（図66）。そして、そのときにほふった家畜の肉は、その後で村人全員で食するのです。

一昔前までは、マルチャジシといって、その肉を切り分け、まな板にのせて地面に置き、中腰で、手摑みで食べる習わしもありました。ちなみにこのカンカーとは「看過」と書きますが、これは見過ごすという意味になります。ユダヤの祭りの「過ぎ越し」と、まったく同じ意味の言葉です。

また沖縄では、旧暦の1月16日には、「ジュールクニチ」という祭りがあります。これは父方の親族で集まり、お墓の前で宴会をしてお墓参りをする風習です。ユダヤでも、旧暦1月16日は、「初穂の祭り」と言われる、死者の復活を祝う日です。

沖縄の旧暦3月3日は「ハマウリの祭り」といって、村中の人が浜から海へ入り、身を清める風習があります。旧約聖書には第3の月の新月の3日目にモーセは山から降りてきて民を選別し、彼らに着物を洗わせた、という記述があります（出エジプト記19章）。

これらの風習の一致は偶然とするには無理がありすぎます。間違いなく古代ユダヤの人たちが持ち込んだものと考えられます。

阿波剣山の周辺に残るユダヤの痕跡

徳島県には標高1955メートルと西日本で2番目に高い霊峰・剣山があります。ここの山頂から見る360度のパノラマは、阿波の食料需給の章でも書きましたが、古代の天空の山上耕作の跡地のような、木々の少ない山々がぐるっと取り囲む、見事なものです。

この剣山には、ユダヤの失われた聖櫃の話等が数多く残されています。剣山では7月17日に剣山本宮剣神社例大祭が行われます。この日は旧約聖書の中に出てくるノアの箱舟がアララト山に漂着した

図67

日と同じ日なのです（図67）。

また何よりも不思議なのは、普通は山の神のお祭りでは山の神を里にお呼びして行うことが多いのですが、剣山のお祭りは、それとは逆にお神輿を山頂へと人々が担ぎ運んで行われるのです。

この行事は失われた聖櫃を、山頂に隠すために運んだことから始まったという説もあります。

また剣山の麓の祖谷《いや》地方に残る『みたからの歌』という歌の歌詞には、「九里きて、九里行って、九里戻る、朝日輝き、夕日が照らす、ない椿の根に照らす、祖谷の谷から何がきた、恵比寿大黒、積みや降ろした、伊勢の御宝、積みや降ろした、三つの宝は、庭にある」とあります。この「三つの宝」というのはユダヤの三種の神器のことであり、この歌は三種の神器が収められた聖櫃のことを歌っているのではないかともいわれています。

剣山の近くには、構造が古代ユダヤの祭祀場とよく似た磐境《いわさか》神明神社（美馬市）や、意味ありげな名前の白人《しらひと》神社

（美馬市）、栗枝渡《くりすど》八幡神社（三好市）などがあり、ユダヤとのつながりを感じさせます（図68と69）。

聖櫃が持ち込まれたという話が本当なのかどうかはわかりません。しかし剣山本宮例大祭や、阿波に残された数々の伝承から、ユダヤの民が阿波に来たということは間違いないと私は考えています。

もしそれが本当なら、阿波に来たユダヤの人たちは、聖櫃の伝承からいっても、南ユダ王国の2支族だった可能性が高いことになります。


前述の通り、聖櫃を運べるのは南ユダ王国にいたレビ族だけだからです。

図68　磐境神明神社

図69　白人神社

エピローグ　私が考える古代日本と古代阿波の姿

私が考える古代日本の姿

　これまでの話から、私の考える古代日本の姿を描いてみます。

　日本列島には、1万年以上も前から、縄文人が暮らしていました。彼らは殺りくや戦もせず、平和な生活を営んでいたと思われます。

　日本は四季があり、四方を海に囲まれており、大型獣が少なく、また侵略の心配が少ない地でした。列島の中央部には山脈が走っていて湿った空気が山脈にぶつかるため雨量も多く、その山からは豊富な山の幸が採取できます。四方を囲んでいる海からも多種多様な海産物が取れる、世界でも稀有なほど恵まれた土地です。

　唯一の心配は、火山国で海に面しているため、火山噴火、地震、津波、台風等の自然災害が多いことです。そんな土地に暮らしていた縄文人は、食糧と水の心配がないために奪い合いの争いを起こさず、災害から身を守るために、人々は力を合わせることの大切さをわかっていました。

　そのため、世界でも最古の縄文文明を途切れることなく、長期間、この列島につなげていました。

そんな時代が続いたあるとき、時代が大きく動き出します。

紀元前722年、ユダヤのイスラエル北王国が滅亡し、東に向かった一団が数百年の歳月をかけて朝鮮半島にたどり着き、そこから船に乗り日本海に上陸して長野県諏訪にたどり着いたと考えられます。そして長野の諏訪湖を中心にアシュラ信仰を広めていったのでしょう。

それから少し時が経った紀元前586年、今度はダビデ王の血を引く南のユダ王国も滅亡し、彼らの一部は、永い流浪の旅の末に、やがて黒潮に乗り、台湾・沖縄・奄美経由で、四国山上地帯にたどり着きました。彼らは阿波の山上部に拠点を構えたと私は考えています。

ユダヤ人の信仰を見てもわかりますが、彼らの信仰に山が多く現れます。これは山岳民族でもあったためで、それで四国の山上に居を構えたのだと考えられます。

そして紀元前473年、大陸では呉の国が滅び、大勢の大陸人が九州北西部に渡来してきます。吉野ヶ里遺跡など、九州北西部と朝鮮半島南部と中国大陸にしか分布しない甕棺墓を見ても、呉の人たちが、朝鮮半島南部や九州北西部に多く渡来したことがわかります。

その後、紀元前219年、今度は日本中の至るところに徐福船団がやって来て、日本中で混血融合をし、日本各地に急速に渡来文化（弥生文化）が広まっていきます。

ところで2020年に東京大学大学院理学系研究科ヒトゲノム多様性研究室から驚くべき発表がありました。2020年に行われた研究からわかったのは、渡来人が最初に多く上陸したはずの九州地方には、渡来人のDNAが逆に少なく、縄文人のDNAの方が多かったという事実です（図70）。

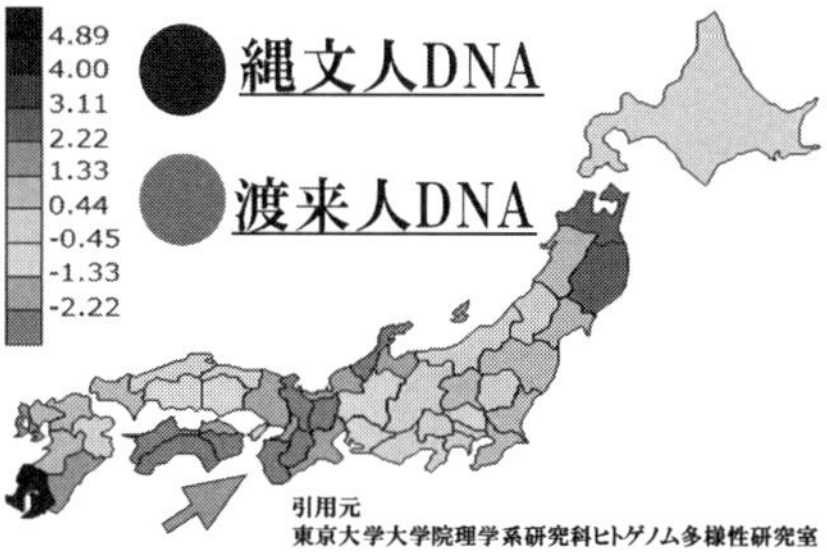

図70

それどころか、九州地方は渡来人のＤＮＡが日本の中でも最も少ない地域だったというのです。その渡来人のＤＮＡが最も多かったのは、なんと四国と近畿地方だったのです。

中でも四国は島全体の渡来人のＤＮＡ比率が最も高いのには驚かされました。この結果からわかるのは、**九州北部に最も多く上陸した渡来人は、その後一部が四国に渡り、四国の中で人口増加を起こし、近畿経由で日本各地に広がっていった、**という事実です。

私の推測では、九州から数多く発見される、争いや殺りくで傷ついたと思われる傷のある遺体から考えても、はじめ九州北部に上陸した渡来人たちは、数百年に及ぶ北部九州内での各グループの領土権争いで潰し合い、人口が激減したのだと思います。そして四国に渡った渡来人グループだけは、争う相手の少ない四国で、人口増加を起こしたのでしょう。

その人たちこそが阿波南部の水銀朱鉱山を発見した人たちであり、「漢委奴国王印」を贈られ、世界史に初めて登場する「委奴国」を作った人たちであったと私は考えています。

私が考える古代阿波の姿

最後に、私の考える古代阿波の姿を描いてみます。

古代中国では、卑弥呼の時代よりも数百年も前の時代から、高貴な人の埋葬や祭祀などで使われていた水銀朱。古代の阿波の人たちはこの水銀朱の扱い方と価値を理解していました。

東大のゲノム研究からもわかるように、古代の阿波を切り開いたのは大陸から海を渡ってやって来た、先進技術を持った渡来人でした。彼らは大陸で水銀朱の扱い方やその価値を理解していたからこそ、水銀朱を手に入れれば、大きな力を持てるとわかっていたのです。

大陸から海を渡れる先進的な技術を備え、知識も豊富な渡来人の集団が九州に上陸し、やがて阿波にたどり着いたのです。しかし、やっとたどり着いた阿波の地ですが、広大な平野部は吉野川という暴れ川で農業耕作はうまくいかず、のちにソラと呼ばれる阿波山上地帯を中心にして、定住を始めました。

持っていた知識と技術でソラに広大な棚田や焼畑を作り、また多くの鉱物を採取しました。その頃も大陸と交易をしていましたが、やがて世代が替わり、ソラの人口も増えました。

するとソラだけの農業耕作では食糧が足りなくなってきます。そこで地上に降りて、開墾する決意をしたのです。

地上に降りてきたソラの人たちは、地上を統治していたと思われる海沿いの人たちと、ときには争ったりもしながら、やがて地上に住む人たちとも融合します。それからのちに女神と呼ばれ、その地位を引き継いでいく一人の女王を擁立します。それが卑弥呼です。

渡来人から受け継ぐ技術と知識を持ち合わせた阿波の人たちは、ついに海を渡って日本全国に広がっていったのです。そして邪馬台国からヤマト、日本になっていきました。

たとえば、第8章の「阿波忌部が行った最も有名な開拓は関東開拓だった」でも書きましたが、阿波忌部は司祭氏族である一方で、技術集団でもありました。中国地方や関東、関西など日本全国に、いろいろな技術を伝授した痕跡が認められます。

日本人は昔から、功績を残して亡くなった人を神と崇めてきました。3世紀頃、先進的な技術と知恵と知識を備えた人々が、阿波から各地方へ旅立ち、日本を開拓していきました。

同時に、故郷の阿波の伝承や地名を決して忘れないため、移り住んだ土地に神社や地名や口伝という形で、阿波からの痕跡を別け移していきました。

どこからかやって来て、先進的な技術を伝授してくれたこの人たちは、住民から大変崇められたことでしょう。その崇められた多くの人たちの話が、口伝で伝えられ、物語になり、やがて神とされ、神話になっていったのだと思います。これが、八百万の神々の発祥であり、阿波から始まった「日本」の始まりなのでしょう。

実はあまり知られていませんが、江戸時代になるまで邪馬台国は「やまたいこく」ではなく「やまとこく」として認知されていました。江戸時代の儒学者でもあった新井白石（１６５７～１７２５）が魏志倭人伝に記述されている邪馬壹國を「やまたいこく」と読んだことで、「やまたいこく」という読み方が現在に至るまで広がっているのです。

皆さんもご存じのように、昔は同じ読み方でも様々な漢字を当てはめていたため、同じ意味の言葉でもいろいろな漢字で表されていました。たとえばヤマトの字の表記には、倭・大和・日倭・大倭・山門・耶馬台・山処・山跡・東等があり、これらはすべて同じ意味のヤマトを表します。

魏志倭人伝の原文には「邪馬壹國」と書かれています。邪馬壹です。これを普通に読めば「やまと」と読むのは当然だと考えられます。現に江戸時代までは、「やまとこく」であって、邪馬台国はすなわち、古代の大和国のことと認識されていたのでしょう。

しかし、卑弥呼が朝貢（中国の属国）をしていたことの意味をよく考えると、卑弥呼が皇室の祖だとすると、皇室の祖が中国に朝貢していたことになり、それでは神から続く皇統の系譜が傷つきかねません。そこで、「やまたいこく」と、あたかも別の国に見えるような読み方をしたのではないか。

記紀から始まる、阿波を隠した古代の歴史の隠ぺいも、これと同じ理由だと考えられます。もし阿波から日本が始まったことが世の中に知られれば、これまで日向や出雲や奈良が舞台だと思われていた日本国の神話や歴史が覆り、それが天皇の系譜や権威にも影響し、国内は大混乱にもなりかねません。

また、江戸時代から邪馬台国は九州と畿内のどちらかだと決めつけ、阿波のことなど調べもしなかった学者たちは、阿波に隠されたいろいろなことを知ることもなく、知ったところで今さら自説を覆せるはずもないのでしょう。

昨今、にわかに世間の脚光を浴びてきた阿波説ですが、学者たちは、自説の信憑性だけをただただ追って、自説以外には目を閉じ、耳を塞ぐしかないのではないか。

これが300年間、我が国の始まりが解き明かされてこなかった最大の原因だと私は考えています。

次に、そんな歪曲された歴史を正そうとした人物たちのお話をさせていただきます。

今から約150年前、幕末から明治にかけて活躍した、阿波出身の二人の国学者がいました。

一人は小杉榲邨《こすぎすぎむら》（1835～1910）で、小杉は邪馬台国阿波説に挑み、『阿波古風土記考証』（1872）を出版します。しかしなぜか回収騒動に発展して（理由は不明）、当時蜂須賀家と徳川家にあったはずの『阿波風土記』の原本さえも、そのときから所在が不明になってしまいました。

もう一人は小杉榲邨の師で、同じく阿波出身の国学者、池辺真榛《いけべまはり》（1830～1863）です。池辺は延喜式の研究を行い、阿波国が日本のルーツだと確信しましたが、その後、なぜか阿波藩政を非難したという罪を被せられてしまいます。

1863年に身柄を阿波藩邸によって監禁されますが、その後、不審な死を遂げます。毒殺されたともいわれています。

幕末から明治にかけて、日本の始まりが阿波だったと唱えることは、いかに命がけの行為だったかが、以上の例からもわかると思います。

今が令和の世で本当によかったと思う今日この頃です。
最後に謝辞を。剣山本宮山頂大祭の写真の掲載を許可してくださった劔山本宮劔神社宮司 松村様と同神社氏子の皆様、および撮影者の大木一範様にこの場を借りて、感謝の気持ちをお伝えします。

では古くから阿波に伝わる、ことわざで本書を終わらせていただきます。

ヤマトは、阿波で1000年、京で1000年

二〇二四年冬

ANYA

著者プロフィール

ANYA（アンヤ）

大阪在住。阿波古代史 YouTuber。

https://www.youtube.com/@ANYA-channel
ANYA チャンネル

決定版 阿波の古代史 邪馬台国は阿波だった

2025年３月15日　初版第１刷発行

著　者　ANYA
発行者　瓜谷 綱延
発行所　株式会社文芸社
〒160-0022　東京都新宿区新宿1－10－1
電話　03-5369-3060（代表）
03-5369-2299（販売）

印刷所　株式会社暁印刷

ISBN978-4-286-26213-0